Линда Диллоу

I0458856

НАПОЛНИ ТРЕВОЖНОЕ СЕРДЦЕ ПОКОЕМ

Перевод с английского

3-е издание

Благая весть
Самара, 2025

УДК 274-1
ББК 86.376-4
Д46

Calm My Anxious Heart:
A Woman's Guide to Finding Contentment
Linda Dillow
NavPress

Перевод: В. Борзов
Редакция: А. Аубакиров
Верстка и дизайн обложки: М. Литвинова

Диллоу Л.

Д46   Наполни тревожное сердце покоем / Линда Диллоу;
пер. с англ. В. Борзова. — 3-е изд. — Самара: Благая Весть,
2025. — 208 с.

УДК 274-1
ББК 86.376-4

The Master's Academy International
TMAI Edition ISBN: 978-1-967358-29-8

Посвящается женщинам из Восточной Европы, которые достигли довольства раньше меня.

> Больше десяти лет назад книга «Наполни тревожное сердце покоем» перевернула мои взгляды и приоритеты. Каждая глава этой книги пронизана духовной проницательностью и практической мудростью, которые пробудили мое сердце жить в довольстве и мире. Я очень благодарна Линде Диллоу за это обновленное издание. Книга станет прекрасным инструментом для всех, кто ищет покоя в бушующем и амбициозном мире. Ее мудрость, верность и честность мне очень дороги. Я уверена, что вы тоже не разочаруетесь.

**Присцилла Ширер,
учитель Библии; автор книг**

> Я еще не встречала женщины, которая бы не порадовалась и не получила благословения от чтения этого сокровища, книги «Наполни тревожное сердце покоем». У вас период серьезных стрессов или просто повседневные жизненные заботы? Позвольте Линде провести вас на новый уровень успокоения в надежной Божьей руке. К этой книге я буду возвращаться снова и снова на моем пути следования за Господом.

**Д-р Джули Слэттери,
психолог; соучредитель «Authentic Intimacy»**

> В мире, где так много женщин, стремящихся найти покой в окружающих обстоятельствах, Линда Диллоу напоминает о силе наших ежедневных решений: довериться, быть благодарной, пребывать в истине. Эта книга для каждой женщины, которая хочет понять, каким образом довольство проистекает из наших отношений с Создателем.

**Эми Симпсон,
автор книг «Тревожный разум» («Troubled Minds»)
и «Беспокойная» («Anxious»)**

> Именно сейчас, когда стресс, беспокойство и страх находятся на рекордно высоком уровне, классическое изучение Библии Линды Диллоу вдыхает мир в тревожную душу женщины. В книге Диллоу «Наполни тревожное сердце покоем» звучит святой призыв не к действиям, а к тому, чтобы дать Иисусу больше места в наших сердцах, душах и разуме.

Обри Сэмпсон,
автор книги «Самая громкая песня»
(«The Louder Song»); основатель церквей;
пастор; автор для «Propel Women»

> Вам что-то не дает спокойно спать? Трудно отключить мозг, когда вы созерцаете реалии нашего бурного мира? Книга Линды Диллоу «Наполни тревожное сердце покоем» наполнена вечными и актуальными истинами для тех, кто борется с беспокойством. Диллоу не отрицает правды наших дней — мы все чаще боремся с тревогами — однако она предлагает Истину, которая выше нашей эпохи. У нас есть Источник. Мы можем обратить наши сердца и разум к Тому, Кто обещал покой измученным, мир для находящихся в тревоге. Возьмите эту книгу, если никогда ее не читали, или прочитайте снова, если уже прочли. Это лекарство для измученных мужчин и женщин. «Наполни тревожное сердце покоем» отсылает нас в то место, где все идеально согласуется.

Шэрон Херш,
автор книг «Принадлежать» («Belonging»)
и «Последнее пристрастие» («The Last Addiction»)

СОДЕРЖАНИЕ

ВВЕДЕНИЕ
к пересмотренному и обновленному изданию

Я выронила телефонную трубку.

Наверное, я неправильно поняла. Нельзя же обращаться к Богу с невыполнимой просьбой, и чтобы через четыре дня женщина, о которой вы никогда не слышали, позвонила и ответила на нее.

Но именно так и случилось теплым летним днем 1996 года.

Я, измученная миссионерка, после восемнадцати лет на чужбине вернулась домой. Все годы нашего служения там, где была коммунистическая Восточная Европа и Россия, Бог предоставил мне великую честь знать и наставлять женщин веры (Евр. 11).

- Женщин, которые стояли в очередях с 4 или 5 утра, в надежде достать еды для своей семьи.
- Женщин, которые работали пять с половиной дней в неделю не потому, что это открывало им прекрасные карьерные возможности, а потому что их принуждало к этому авторитарное правительство.
- Женщин, которые плакали, когда издевались над их детьми из-за того, что их родители были преданы Христу.

От своих драгоценных подруг я научилась быть довольной в любых обстоятельствах и отдавать все свои заботы Богу. Вы прочитаете про некоторых из этих замечательных женщин в начале каждой главы этой книги.

Что касается меня, то я «тяжелый случай», поскольку Богу пришлось отправить меня на три континента, чтобы научить довольству: сначала в Европу в 1978 году, потом в Азию в 1992 году и потом назад в Америку в 1995. Может быть, вы думаете: «О, как же прекрасно возвратиться домой на свою родину!» Но после восемнадцати лет жизни в других странах я уже не знаю, где я своя, а где чужая. Да, я американка, но каждая страна, в которой я жила, оставила во мне свой кусочек — да и какой труд для меня приготовил Бог в Америке? Здесь на каждом углу преподаватель Библии.

И вот на коленях я вознесла Богу такую молитву:

> *Боже, ответь — хочешь ли Ты, чтобы я написала книгу о своем пути к довольству и о том, как Ты можешь успокоить мое тревожное сердце? Господи, уже написано много книг. Я даже не знаю, о чем Тебя прошу. Наверное, я имею в виду, что не хочу писать книгу, ПОКА не уверена, что ТЫ хочешь, чтобы я ее написала... Пожалуйста, дай мне знать.*

Через несколько дней после этой молитвы мы обедали со своими друзьями, когда зазвонил телефон. В 1996 году еще не было мобильных телефонов, поэтому я побежала, чтобы поднять трубку, и совершенно незнакомая мне женщина сказала: «Здравствуйте, Линда, меня зовут Лиз Хини, я редактор издательства NavPress. Мы узнали, что вы много знаете о довольстве, и я звоню вам с просьбой написать об этом книгу».

Вот тут я и выронила телефонную трубку.

Я выронила трубку, потому что Бог ясно мне дал понять, что Он хочет, чтобы я написала «Наполни тревожное сердце покоем». Это Его книга, Его послание для преданных Ему женщин. Какую радость я испытывала, держа в руках первую книгу на английском, и как радовалась, когда выходила моя книга на других языках, которые хранятся у меня дома — это «Наполни тревожное сердце покоем» на немецком, русском, румынском, венгерском, польском и многих других языках — а совсем недавно к ним добавился еще и арабский перевод. Я в изумлении преклоняюсь пред Богом!

В прошлом году мне выпала честь преподавать по этой книге и проводить изучение Библии в моей церкви, и, на удивление, Бог продолжает изменять жизни через эту книгу, которой уже двадцать один год. Поэтому, когда издательство NavPress попросило меня освежить «Наполни тревожное сердце покоем» для нового поколения женщин — с новой обложкой и новым пособием — я очень обрадовалась! В этой версии предлагается изучение Библии не из двенадцати, а из десяти уроков, которые, я надеюсь, хорошо впишутся в существующие планы по изучению Библии.

Эта книга — история о том, как Бог взял меня, беспокойную и контролирующую все даму, и с любовью успокоил мое сердце, научив доверяться Ему во всех моих ЧТО ЕСЛИ, ЕСЛИ БЫ и ПОЧЕМУ.

Я молюсь, чтобы обновленная версия «Наполни тревожное сердце покоем» дала сил верным христианкам на следующие двадцать два года и больше. Да утешит Бог наши сердца Своим изумительным миром!

Линда Диллоу

ГЛАВА 1

МОЙ ПУТЬ К ДОВОЛЬСТВУ

Довольство начинается с мыслей

Мэри рухнула в кресло на моей кухне, и я настроилась слушать очередную серию причитаний о ее разбитой судьбе. Она попросила меня о встрече, чтобы поговорить о том, как ей стать более довольной. Клянусь, я не встречала более негативной персоны, чем Мэри. Даже в ее внешности было что-то негативное!

Внутреннее состояние и наши мысли в конечном счете проявляются в наших словах, поступках и даже внешности. Выражение лица и весь внешний вид Мэри говорили о том, что она живет своим собственным пониманием Филиппийцам 4:8: «Наконец, Мэри, что только неистинно, что нечестно, что несправедливо, что нечисто, что нелюбезно, что недостославно, что только недобродетель и не похвала, о том помышляй!» Жизнь этой женщины была живым переводом ее негативного мышления.

Ирония в том, что многие женщины поменялись бы с ней ролями не раздумывая. Ее судьбу нельзя было назвать трагичной. У нее было хорошее здоровье, изящная фигура, не требующая с ее стороны никаких усилий, любящий муж, двое прелестных детей и даже новая мебель, которую ей недавно приобрел супруг, чтобы порадовать.

Я спросила Мэри, отчего она так несчастна, когда Бог так обильно ее благословил? Не моргнув глазом, она выложила свои претензии. Во-первых, Бог не дал ей дом. Ей же очень хочется собственный дом. Она его заслужила. А муж? Ну да, любит. А как же масса его недостатков? Да, дети замечательные, но они всем недовольны и постоянно ноют (интересно, откуда они этого набрались?).

Мэри была как лошадь в шорах, которая видит перед собой только грязную дорогу. Она никогда не поднимала взор к Богу и не считала своих благословений. На глазах у нее была пелена, порочная привычка недовольства.

Довольство начинается с перспективы вечности

Итак, Мэри лишь думала, что ее легкая жизнь невыносима, а вот жизнь Эллы действительно была длинной чередой невзгод. Однако она выработала «святую привычку» быть довольной. Взор ее был ясен и жила она перспективой вечности.

Что я подразумеваю под «перспективой»? Согласно словарю Вебстера, это «смотреть сквозь, видеть ясно», а также «способность видеть предметы в их истинной взаимосвязи или соотносительной значимости»[1]. Я предпочитаю думать о перспективе как о мериле видения. Тогда перспектива вечности — это Божье мерило видения. Имея Божью перспективу, мы видим свою жизнь и оцениваем значимость с Его точки зрения. Так поступала Элла.

---

[1] Merriam-Webster, s.v. "perspective (n.)," accessed February 21, 2020, merriam-webster.com/dictionary/perspective.

Вместе с мужем и детьми она 52 года трудилась миссионеркой среди племен Центральной Африки. Она оставила свою страну, родственников и все, к чему привыкла. Слово «трудная» не дает даже приблизительного описания жизни в невыносимой жаре и сырости африканской саванны. Об электричестве, кондиционере и других современных удобствах приходилось только мечтать. Иногда жара стояла такая, что ей приходилось заносить термометр в дом, чтобы он не сломался, поскольку был рассчитан максимум на + 50 градусов. Дочь Эллы, Мими, моя подруга, удивлялась, как ее мать смогла все перенести, и как она находила радость в жизни, когда ее обстоятельства заставили бы жаловаться самых стойких. Недавно Мими откопала сокровище, которое оказалось ценнее золота или серебра. В потрепанном дневнике своей матери она нашла рецепт довольства от Эллы:

- Никогда не позволяй себе жаловаться, даже на погоду.
- Никогда не воображай себя в других обстоятельствах или на другом месте.
- Никогда не сравнивай свою судьбу с чужой.
- Никогда не позволяй себе желать, чтобы то или другое было иначе.
- Никогда не думай о завтрашнем дне — помни, что завтра принадлежит Богу, а не нам [2].

Ее слова сразили меня, они меня устыдили. Как могла Элла не жаловаться на погоду, когда по телу струился пот, когда

---

[2] Mary W. Tileston, *Daily Strength for Daily Needs* (Boston: Roberts Brothers, 1892), 144. Элла Спиз заимствовала эти правила довольства из предложенных Е. В. Пьюзи (1800–1882) в этой книге Мэри Тилестон.

спертый, влажный воздух не давал заснуть? Почему ее взгляд на жизнь так отличался от взгляда Мэри? Весь секрет в последнем утверждении Эллы. Она обращала взор к вечности. Все ее завтрашние дни принадлежали Богу. Она отдала их Ему. А поскольку все ее завтрашние дни покоились в сильных Божьих руках, она могла спокойно жить сегодняшним. День за днем она могла принимать верные решения и развивать святую привычку удовлетворенности. Элла сосредоточилась на вечном. Вот в чем источник ее внутренней удовлетворенности.

Довольство начинается внутри

Элла обладала душевной достаточностью, покоем, независящим от окружающих обстоятельств. Довольство для большинства из нас зависит от обстоятельств, чувств или отношений с другими людьми. Однако настоящее довольство не связано с нашими обстоятельствами. Это состояние сердца, а не состояние дел.

В третьей части своей пьесы «Король Генрих IV» Шекспир поэтически описывает внутреннее довольство. Странствуя, король встречает двух лесничих и сообщает им, что он король. Один из лесничих спрашивает: «Но, если ты король, где твой венец?» Король отвечает:

> Он в сердце у меня, не на челе;
> Не блещет он индийскими камнями,
> Незрим для глаз, зовется он довольством:
> Таким венцом король владеет редкий [3].

---

[3]   William Shakespeare, *Henry VI, part 3*, 3.1. Quoted by Paul Lee Tan, *Encyclopedia of 7700 Illustrations* (Rockville, MD: Assurance Publishers, 1979), 272–273.

Многие ли женщины носят венец, который зовется «довольством»? Наверное, таких можно пересчитать по пальцам одной руки. Но если бы я спросила, сколько вы знаете женщин удрученных и недовольных, то, пожалуй, всех пальцев рук и ног не хватит, чтобы их пересчитать! Довольство — редкое явление, но оно возможно.

Секрет довольства

Апостол Павел говорит замечательные слова в своем Послании к Филиппийцам:

> *Говорю это не потому, что нуждаюсь, ибо я научился быть довольным тем, что у меня есть. Умею жить и в скудости, умею жить и в изобилии; научился всему и во всем, насыщаться и терпеть голод, быть и в обилии, и в недостатке. Все могу в укрепляющем меня Иисусе Христе (Фил. 4:11–13).*

Достаточно посмотреть на жизнь Павла, чтобы понять, насколько чудесны эти слова. В его жизни было все, кроме благоприятных обстоятельств. Эти слова он написал из заключения. Его тюрьма не была похожа на современные — у Павла не было водопровода и канализации, отопления и трехразового питания. Ему было одиноко. Я уверена, что он задавался вопросом, а нужен ли кому-то его труд для Христа?

Жизнь Павла была чрезвычайно трудной. Его до полусмерти избивали, постоянно неправильно понимали, его оставляли друзья. Его жизнь можно назвать какой угодно, но только не простой и безоблачной. Однако он сказал: «Я научился быть довольным тем, что у меня есть». Невероятно! Другими словами, довольству можно научиться. Это значит, что мы с вами можем научиться быть довольными. Павел дополнил свое поразительное заявление, что он научился быть довольным в любых обстоятельствах, секретом, как этого достичь (Фил. 4:13). Этот часто цитируемый текст в буквальном переводе с греческого звучит так: «Все я могу через Дающего силу мне [это совершить]». Вы когда-нибудь задумывались, почему этот стих следует сразу за смелым утверждением Павла, что он научился быть довольным во всем? По мнению Чарльза Келли, «Павел осознал, что источник и сила христианского довольства — это Сам Бог».

Мне больше всего нравится перевод Филиппийцам 4:13, который сделал специалист по греческому Кеннет Вюст: «Во всем я силен в Том, Который постоянно вливает в меня силу».

Всегда и в любых обстоятельствах Христос в состоянии и готов дать нам необходимую силу, чтобы мы были довольными. Удовлетворенность наступает, когда сила Христа пропитывает мое слабое тело, душу и дух. Вливать — значит наливать, наполнять, пропитывать или растворять. Каждое утро, опуская пакетик травяного чая в кипяток, я наблюдаю, как он настаивается.

Каким образом Бог дает нам силу быть довольными? Он вливает в нас довольство через Свое Слово. Проникая в разум, оно изменяет нас. Подобно тому, как чай становится крепче, если дать ему время настояться, так и мы становимся более довольными, когда пребываем в Божьем Слове, давая ему пропитать нашу жизнь, преображая нас в Его образ.

От контроля к довольству

Мой путь к довольству начался 15 лет назад, когда все мои изощренные способы контроля провалились. Они перестали работать, потому что жизнь вышла из-под контроля.

Двое моих детей переживали «подростковый» период и шли неправильным путем.

Сама я уверовала в студенческом возрасте и очень радовалась, что мои дети растут в христианской семье. Я ошибочно полагала, что если вложить в детей все «правильное» (Бог, Божье Слово), то они автоматически будут любить и слушаться Бога. И когда казалось, что мой план не срабатывает, я тревожилась и впадала в уныние.

Тогда я поделилась своими страхами с подругой, и она сказала: «Линда, ты любишь все контролировать, но в твоей жизни очень многое тебе неподвластно». В тот момент я не поняла, что она имеет в виду. Я, между прочим, была верующей. Я была миссионеркой, и мне платили, чтобы я верила и служила Богу. Что это значит: «Ты любишь контролировать»?

Оглядываясь назад, я понимаю, что действительно стремилась доверять Богу, но иногда Он очень медлил. Когда Он, по моему мнению, действовал со скоростью улитки, то я невольно хотела Ему помочь. Я знаю, что это звучит как богохульство. Бог в нашей помощи не нуждается. И когда я вмешивалась, чтобы смягчить (вернее сказать «манипулировать», но «смягчить» звучит лучше!) обстоятельства или организовать людей, мои действия говорили: «Боже, по-моему, Ты делаешь не то, что надо, но я Тебе помогу». Именно наша «помощь Богу» приводит нас в тревожное состояние. Когда мы вмешиваемся и пытаемся контролировать происходящее, мы отводим взгляд с Того, Кто держит все в Своих руках, и видим только обстоятельства.

Два библейских стиха помогли мне в те дни. Я выучила их наизусть, запечатлела их в своем сердце и взяла обязательство руководствоваться ими в жизни.

Первый стих:

>> *[Бог]… блаженный и единый сильный Царь царствующих и Господь господствующих (1 Тим. 6:15).*

Я размышляла об истинах этого стиха. Кто управляет моей жизнью? Бог. Какой у Него характер? Блаженный. По словам известного богослова Джеймса Пакера: «Довольство — это по существу принятие из Божией руки всего, что Он посылает, потому что мы знаем, что Он благ, а, следовательно, это благо».

Второй стих — Псалом 15:5.

>> *Господь есть часть наследия моего и чаши моей. Ты держишь жребий мой.*

Элизабет Эллиот, автор и спикер, сделала такое наводящее на размышления замечание по поводу Псалма 15:5:

>> *Я не знаю более действенного средства для упрощения жизни. Все происходящее предначертано. Этому противится разум? Можем ли мы сказать, что с нами случается и то, что не входит в предназначенное нам «наследие» («это к нему относится, а то — нет»)? Значит, происходит и то, что ускользнуло от внимания Всемогущего? Все предназначенное отмеряется и происходит ради моего вечного блага. Как только я принимаю предназначенное, другие варианты отметаются. Принятие решений становится намного проще, путь яснее, и мое сердце обретает невыразимый покой… Спокойное сердце довольствуется тем, что дает Бог.*

Элла, милая женщина, которая совершала миссионерский труд в Африке, знала, что кто-то должен «управлять» ее жизнью в этом обезумевшем мире. Поскольку она решила отдать все в руки Божьи, она могла испытывать покой и удовлетворение жизнью.

Чайное богословие

Вернемся к нашей аналогии с чаем. Бог в любви предназначил каждому быть особенной неповторимой чайной «чашкой». Это может быть антикварная чашка с розами и золотой каймой. Может, кто-то видит себя обычной чашкой, удобной, но со щербинами по краям. Мы можем быть крепкой кружкой — прочной, небьющейся и вместительной.

И вот Бог помещает в чашу нашу долю, самую лучшую, по Его мнению. Это наше физическое и эмоциональное состояние, наши способности, обстоятельства, наши обязанности и взаимоотношения.

Иногда нам не нравится то, что оказалось в нашей чаше. Помните Господа Иисуса в Гефсиманском саду? Предвидя страдания, которые Ему надлежало перенести, Он молил:

> 99 *О, если бы Ты благоволил пронести чашу сию мимо Меня! Впрочем, не Моя воля, но Твоя да будет (Лук. 22:42).*

Христос взял Свою чашу, поднял ее к Богу и сказал: «Я принимаю свою долю. Наполни меня Своей силой, чтобы Я все испил».

У чашки — будь она из китайского фарфора или из грубой глины — есть ручка. Бог поместил в эту чашу нашу долю. Выбор за нами: взять чашу и вознести к Господу со словами:

«Я принимаю мою долю, я принимаю эту чашу», или разбить ее вдребезги, говоря: «Бог, я отказываюсь от моей доли. Эта чаша мне не по размеру, мне не нравится ее содержимое. Боже, я отказываюсь ее принять. Я возьму свою жизнь под свой контроль».

Мой путь к довольству

Довольство заключается в принятии Божьей суверенной власти над всеми обстоятельствами жизни. Мне пришлось смириться, чтобы сказать Богу: «Я пыталась Тебе довериться, но слишком много моих усилий было смешано с этим доверием».

Увидеть в истинном свете разницу между моими усилиями и Божьим контролем мне помогла сказка о двух монахах.

«Мне нужно масло», — сказал старый монах и посадил саженец оливкового дерева. «Господи! — молился он, — нужен дождь, чтобы нежные корешки пили и росли. Дай слабые дожди». И Господь послал слабые дожди.

«Господи, — молился монах, — мое деревце нуждается в солнце. Дай солнышко, молю Тебя». И засияло солнце, озолотив дождевые тучи.

«А теперь мороз, Господи, чтобы укрепить его ткани», — молился монах. И вот, маленькое деревце покрылось инеем, однако к вечеру оно погибло.

Тогда наш монах пришел в келью другого монаха и поведал ему свою печальную историю.

«Я тоже посадил деревце, — ответил тот монах, — посмотри, оно прекрасно развивается. Правда, я доверил свое деревце Богу. Создатель лучше меня знает, в чем оно нуждается. Я не ставил условий. Я не определял средства или способы. "Господь, дай все, в чем оно нуждается", — молился я, — "грозу или солнце, ветер, дождь или мороз. Ты сотворил его и знаешь лучше"».

Я не могла довериться Богу, потому что прилагала слишком много усилий. Вы можете быть в похожей ситуации, или наоборот, совсем не хотите Ему доверять. Жизнь выходит из-под контроля, и вы сдаетесь. Вы не видите смысла в жизни, не говоря уже о довольстве, поэтому вы уступаете и сдаетесь. Многие из нас либо выбиваются из сил, либо оставляют всякие попытки. В обоих случаях нам не хватает Бога. Мы не наполняемся Его силой, которая приводит к довольству.

Эта книга — история моего путешествия с Богом. Она о том, как Бог превратил женщину, похожую на первого монаха, в женщину, похожую на второго. Я все еще в пути. От этого приключения захватывает дух! Бог стал моим дыханием, моей радостью, моей хвалой, моей крепостью. Каждый день Он вливает в меня силу. Он успокоил мое тревожное сердце.

Приглашаю вас присоединиться ко мне в этом путешествии, чтобы лучше понять истинное довольство в жизни, и изменить свой взгляд на окружающие обстоятельства, на себя, свою роль и взаимоотношения с людьми; чтобы увидеть, как барьеры тревоги, жадности и ошибочных приоритетов удерживают вас от довольства. И, наконец, приглашаю вас найти мост доверия, который проведет вас через эти барьеры к довольству. Элла не единственная женщина, которая научилась быть довольной. Отчаявшаяся Мэри, которая думает, что довольство невозможно, может этому научиться. Я могу этому научиться. И вы тоже можете!

Узнав секрет довольства, вы по-другому увидите Бога. Всем сердцем вы будете понимать, что Он Благословенный Владыка всего, Царь царей и Господь господствующих!

ГЛАВА 2

ДОВОЛЬНА ОБСТОЯТЕЛЬСТВАМИ

История Алины

Мы толкали продуктовую тележку по торговым рядам супермаркета «Пам-Пам», в котором я затоваривалась в Вене. После американских супермаркетов «Пам-Пам» оставлял желать лучшего, но по сравнению с маленькими, тесными магазинчиками с пустыми полками, к которым мои друзья Алина и Хенрик привыкли в Польше, «Пам-Пам» был сказочной страной изобилия.

Алина и Хенрик были потрясены количеством и разнообразием товаров. Когда Алина взяла с заваленной товарами полки детскую зубную пасту, мне стало неловко. Пока мы ходили по магазину, мне становилось все хуже и хуже. Для меня, американки, «Пам-Пам», выглядел заурядно, но сегодня я смотрела на это изобилие глазами поляков.

Позже, когда мы вместе обедали в нашем большом доме, я спросила Алину и Хенрика, как они восприняли это изобилие, зная, что через два дня вернутся в Польшу, где и обычной зубной пасты нет, не говоря уже о детской! Я никогда не забуду, что ответила Алина:

«Линда, мы уже усвоили, что здесь можем наслаждаться изобилием, мы также знаем, что будем довольны и малым в Польше». На ум мне пришли слова апостола Павла: «Научился всему и во всем... быть и в изобилии, и в недостатке» (Фил. 4:11–12).

После этого я уже много тележек покатала по «Пам-Пам», но с тех пор мой взгляд изменился. Теперь я смотрела на все глазами поляков в смирении и с благодарностью.

В середине 90-х мы с Джоди, моим мужем, три года прожили в Гонконге, экзотическом городе с неповторимой линией горизонта, великолепными видами на океан, лоском, гламуром, невероятным богатством и постоянной активностью. Вечерами мы любили сидеть на берегу залива, чтобы соленый морской бриз дул в лицо, и смотреть на горизонт. Как я любила ходить по магазинам Гонконга! Моей заветной целью была улица Фа Юэнь, где можно было сломать все стереотипы и сделать невероятно выгодные покупки! Наряд из натурального шелка, в котором я была на свадьбе сына, стоил 14 долларов, а платье, в котором я щеголяла на свадьбе моей дочери Джой (в «Талботс» оно было по 150), обошлось мне в 7 долларов. Зная, что мама любит поторговаться, Джой умоляла меня не рассказывать гостям, сколько стоило платье матери невесты. Я крепилась из всех сил, но не выдержала и похвасталась своей удачной покупкой!

Закупка продуктов тоже была в удовольствие. Я включала компьютер и посылала факсом в магазин список товаров. Продукты, включая свежайшего лосося и свеженарезанный ананас, доставляли к моим дверям к обеду. Мне такой шоппинг по душе!

В Гонконге слово «путешественники» стало нашим вторым именем. Нам выпало счастье посетить Китай, Японию, Южную Корею, Сингапур, Вьетнам и другие страны. Как прекрасно было увидеть эти потрясающие места и познакомиться в каждой стране с уникальными людьми.

Солнце в Гонконге светит круглый год. Мы грелись в его лучах на балконе наших просторных апартаментов в доме на склоне холма. Бог щедро нас благословил чудесным жильем с паркетными полами и восхитительными огромными окнами. С четвертого этажа открывался вид на сочные тропические заросли и небоскребы в долине.

Общественный транспорт Гонконга был великолепной альтернативой мучению в пробках. У нас даже не было своей машины, поскольку лодки, автобусы, поезда, метро и такси были недороги и доступны повсеместно. Раз в неделю я проводила библейские занятия на острове Лантау в чудесном районе Дискавери Бэй. Чтобы туда добраться, я выходила из дома, садилась на автобус, затем на поезд, на метро, на катер и потом еще на один автобус, который довозил меня до дверей дома, где проходили библейские занятия.

Четверо наших взрослых детей со своими супругами были в восторге от посещения Гонконга и Китая. Мы прекрасно провели время! Хотя они жили за тысячи километров от Гонконга, мы ежедневно могли «списываться» по электронной почте. Благословенная технология, особенно когда вы живете вдали от своих близких!

Я дорожила тем, что живу в городе, где так много женщин горели желанием познавать Бога и Его Слово. Из-за грядущего присоединения Гонконга к Китаю (которое произошло в 1997 году) женщины задавались вопросами о вечном. Моя задача состояла в обучении женщин навыкам преподавания, проведению занятий в малых группах и организации евангелизационных встреч, чтобы они были готовы действовать, когда капиталистический Гонконг станет коммунистическим.

Но это лишь одна часть истории.

Обратная сторона

Гонконг — это прекрасное место для посещения, но я бы не сказала, что это прекрасное место для жизни. В Гонконге проживало более шести миллионов человек, когда там были мы. На сегодня он остается одним из самых густонаселенных мест на земле. Вот но во время в районе Мэй Фу, где я бывала раз в неделю, на 16 гектарах проживало 70 тысяч человек! Среди такого скопления людей я поняла, насколько сильно ценю свое личное пространство. Меня там часто мучила клаустрофобия.

Шоппинг был великолепным, но лишь в определенное время, когда не было толп народа. Там каждый день был как перед Рождеством. На Фа Юэнь можно было купить дешево, но мне приходилось перевернуть груды одежды, чтобы найти нужную вещь и при этом нельзя было примерять. При мне всегда была мерная лента. Ну а для правильного использования мерной ленты мне приходилось измерять свою талию и бедра — чего я не делала давно-давно! И это не смешно.

Климат там солнечный, но очень влажный. Сильный зной и влажность вызывали тепловой удар, и большую часть года я была вялой и мне нездоровилось. Стены мокли, дома покрывались плесенью, и даже обувь становилась благодатной почвой для растительности. По стенам и потолкам каждого дома разгуливали ящерицы-гекконы. Я так и не привыкла к тому, что на тебя может прыгнуть геккон, пока ты отмываешь ванну. Однажды я раздавила маленького геккончика босой ногой. Меня до сих пор передергивает, когда вспоминаю об этом.

Путешествия по экзотическим местам были увлекательны, но утомительны. Мы путешествовали пять месяцев первого нашего года пребывания там. Я была как в тумане. У меня было мало шансов приспособиться к новой культуре или завести друзей.

Квартира у нас была прекрасная, но в Гонконге самая дорогая аренда жилья в мире. За два года она выросла на 40%! Мне делалось плохо каждый месяц, когда я платила за квартиру. И всякий раз, когда я проходила мимо идола, стоявшего перед дверью наших соседей, внутри меня все переворачивалось.

Я никогда не чувствовала себя в безопасности, хотя мы жили на четвертом этаже, а на входной двери было пять замков. Однажды ночью, несмотря на все эти меры предосторожности, в нашу квартиру пробрался незваный гость. Проснувшись утром, я обнаружила, что двери холодильника и морозильной камеры открыты. Осмотревшись кругом, я увидела остатки еды и даже пищу, которую злоумышленник пожевал и выплюнул на плиту. (Да как он посмел?!) Очевидно, наша еда ему не пришлась по вкусу. Мы нашли признаки того, что незнакомец побывал в каждой комнате, включая нашу спальню. Вор стоял прямо с моей стороны кровати, когда мы спали! Оскорбление, страх, гнев — вот что я чувствовала. Но вместе с тем и благодарность. За время проживания в Гонконге мы часто слышали, что людей убивали или калечили, когда они, проснувшись, обнаруживали вора. Бог не дал нам пробудиться.

Общественный транспорт эффективен, но всегда переполнен. В час пик толкачи запихивают людей в вагон, как сардины в банку. Как-то утром, когда я ехала на библейское занятие в Дискавери Бэй, один мужчина стал ко мне приставать, пока мы были тесно прижаты друг к другу. Он получил от меня локтем по ребрам, но как кричать «насилуют», если не знаешь местного языка? И снова меня трясло от гнева и оскорбления, и я решила больше никогда не ездить в метро. Конечно же, мне пришлось им пользоваться, но теперь я выезжала на час раньше, чтобы избежать утренней давки.

Визит наших детей со своими парами был замечательным, но недолгим. Электронная переписка с ними была благословением, но, когда мой сын позвонил и сказал, что продает машину и переезжает в Боливию, современных технологий оказалось недостаточно, чтобы передать мои эмоции! Когда позвонила дочь и сообщила, что серьезно заболела, электронная почта не успокоила мое сердце. Я порывалась звонить ей каждый день, но высокие тарифы не допускали долгих и частых разговоров.

Именно тогда, когда наше служение начало развиваться, мы поняли, что скоро придется покинуть Гонконг из-за присоединения его к Китаю. После трех лет трудной адаптации нужно было уезжать, и это было нелегко.

Ну что, жизнь в Гонконге уже не кажется такой шикарной, правда?

Грязь или звезды?

Почти все мы можем увидеть в своей жизни как позитивные, так и негативные стороны. Можно составить светлый список всего хорошего в жизни, а потом отрезвляющий переченьвсегонегативного. Обасписка верны, тольковнимание уделяется разным сторонам.

Как бы вы охарактеризовали свою жизнь? Уделите минутку своего времени и напишите список позитивного и негативного, что допустил в вашей жизни Бог. А теперь подумайте над очень важным вопросом, который и я частенько себе задаю: «Какому из списков вы уделяете больше всего внимания?»

Если вы похожи на большинство женщин, тогда у вас много общего с одной молодой невестой, о которой мне рассказали. Жизнь у нее сложилась не так, как она ожидала. Выходя замуж за своего избранника, который служил в морской пехоте, она думала, как романтично и восхитительно они будут жить в разных странах и разъезжать по всему миру. Два года спустя она оказалась одинока и глубоко разочарована. Она написала жалобное письмо своей матери. Друзей нет, местного языка она не знает, а тратить силы на его изучение бесполезно, поскольку их в любой момент могут перевести из одной страны в другую. А хуже всего то, что ее мужа никогда нет дома. Она закончила письмо словами: «Я не могу больше терпеть. Возвращаюсь домой».

Ее дальновидная мать написала ей в ответ всего две строки:

> *Два узника смотрели сквозь тюремное окно.*
> *Один увидел грязь, другой увидел звезды [4].*

Эта мудрая женщина передала своей дочери секрет довольства. Каждый из нас выбирает, как смотреть на жизнь:

---

[4] Charles D. Kelley, "The Miracle of Contentment," Discipleship Journal no. 42 (November/December 1987), 32.

можно уставиться на грязь или поднять глаза и увидеть звезды. В жизни каждой женщины есть обстоятельства, которые кажутся ей тюрьмой. Богу угодно, чтобы мы научились довольствоваться этими обстоятельствами сейчас, а не тогда, когда они улучшатся.

Возможно ли это?

Наш вклад

В предыдущей главе мы обсудили замечательное утверждение Павла: «Я научился быть довольным тем, что у меня есть». Он говорит о двух составляющих процесса достижения довольства: наш вклад и Божий вклад. Первое, это наш вклад:

> Не заботьтесь ни о чем, но всегда в молитве и прошении с благодарением открывайте свои желания пред Богом (Фил. 4:6).

В пересказе «Живая Библия» этот текст передается так: «Не беспокойтесь ни о чем; вместо этого обо всем молитесь; говорите Богу о своих нуждах и не забывайте благодарить Его за ответы». Призыв Павла не переживать и не беспокоиться означает, что беспокойство нужно использовать как стимул для конкретных молитв. Наш вклад в процесс обучения довольству — это выбор сердца, решение молиться вместо того, чтобы беспокоиться.

Павел повелевает нам даже не думать о беспокойстве, а делать все с молитвой. Печально, что многие из нас поступают наоборот: обо всем беспокоятся, а молятся только в крайнем случае! Ведь гораздо легче побеспокоиться, поволноваться, заработать изжогу, потерять сон или сорваться на мужа, друзей, детей или соседей, чем помолиться. Мы извратили библейское повеление, причем не в теории, а на практике.

Молиться нужно не только за конкретные нужды, но и с благодарностью. Это очень непросто! Когда я в отчаянии из-за того, что у меня рак или мой ребенок не хочет учиться и не успевает по геометрии, или меня обидела подруга, или навалилась масса проблем, тогда трудно, очень трудно благодарить.

Псалом 115:8 помогает мне понять, что такое молитва с благодарностью: «Тебе принесу жертву хвалы, и имя Господне призову». Мне нравится это напоминание, потому что благодарение в мрачных жизненных обстоятельствах — это определенно жертва! Когда моя маленькая племянница Энджи выпала из окна второго этажа, и оказалось, что ее черепная коробка треснула в трех местах, моей жертвой стала такая молитва: «Господи, Ты знаешь, как тревожится мое сердце. Мне невыносимо быть далеко от моих родных, когда они переживают такую боль. Мне больно, но я выбираю не тревогу, а хочу вознести маленькую Энджи к Твоему престолу. Трудно в такой ситуации найти что-то хорошее, но я благодарю Тебя, любящий Отец, что Ты любишь ее, и что она Твоя. Благодарю, что Ты сохранил ей жизнь. Благодарю, что у нее есть доступ к современной медицинской помощи. Я доверяюсь Тебе в этой ужасной ситуации, как благословенному Владыке».

Сталкиваясь с трудными обстоятельствами, мы делаем выбор: молиться о проблеме или переживать о ней.

Божий вклад

В Филиппийцам 4:7 мы видим Божий вклад в процесс достижения довольства: «И мир Божий, который превыше всякого ума, соблюдет сердца ваши и помышления ваши во Христе Иисусе». В переложении «Живой Библии» предполагается, что союз «и» в начале стиха означает «если вы делаете это». Делаете что? Если мы примем решение молиться, вместо того чтобы беспокоиться, то получим Божий мир.

Какое чудесное обетование!

В пучине хаоса, проблем, душевных мук и переживаний всем нам нужен мир.

Этот стих также подсказывает нам, почему мы не находим мира. Если вместо довольства мы беспокоимся или тревожимся, то нужно спросить себя, а сделали ли мы свой вклад? Не забывайте, что по Слову Божьему Его мир приходит только после нашего решения.

Больше всего мне нравится такой перевод этого стиха: «И затем мир Божий, который превосходит все наши мыслительные способности, станет гарнизоном, охраняющим наше сердце и разум в союзе с Иисусом Христом» (WNT). Я представляю, как Бог оцепляет меня гарнизоном ангелов, задача которых помочь моему слабому, немощному разуму и сердцу. Когда беспокойство внутри меня растет, разум начинает метаться от ЧТО ЕСЛИ? Мое сердце, колыбель эмоций, начинает бешено колотиться. Божий мир — это именно то лекарство, которое необходимо моим измученным тревогой сердцу и уму.

Думайте о таких вещах

Что делать, если, приняв решение отдать Богу свои тревоги, мы через десять минут вновь к ним возвращаемся? Павел снова говорит о нашем вкладе в 8-м стихе:

> *Наконец, братия мои, что только истинно, что честно, что справедливо, что чисто, что любезно, что достославно, что только добродетель и похвала, о том помышляйте (Фил. 4:8).*

Я помню, когда одна из моих дочерей проходила трудный подростковый период, ночи напролет мне не давали спать разные мысли: «Правильно ли я поступила? Как мне удержать этого ребенка от глупых путей?» Я молилась словами из Филиппийцам 4:6–9, а потом снова обнаруживала, что мой разум в тревоге. Мой разум как будто зациклился на переживаниях.

Я молилась: «Господи, это снова я. Десять минут назад я к Тебе уже обращалась, но это не помогло; я продолжаю беспокоиться, вместо того чтобы иметь Твой мир». И я снова с молитвой читала о моем и Божьем вкладе в Филиппийцам 4. А потом снова начинала волноваться. Тогда я встала, заставив себя вылезти из-под теплого одеяла, и подошла к столу. Взяв бумагу и ручку, я записала все хорошее, что совершил Бог в жизни моей дочери за прошлый год. Затем я помолилась, держа этот список перед собой, благодаря Господа за то, что Он сделал и продолжает делать в ее жизни. Погасив свет, я забралась под свое уютное одеяло, на этот раз для того, чтобы мирно уснуть.

Если бы мне предложили выбрать любимые библейские стихи, то отрывок из Филиппийцам 4:8 определенно бы оказался в первой десятке. Эти мудрые слова висят в рамке у меня в гостиной и в течение дня призывают меня думать о положительном, а не зацикливаться на негативе. Трудно контролировать свои мысли, не правда ли? Но именно к этому призвал нас Бог.

В Притчах 23:7 мы читаем: «Каковы мысли в душе женщины, такова и она»* (переложение Л.Д.). Кто-то однажды сказал: «Остерегайтесь того, о чем всегда думаете, потому что вы этим непременно станете»[5]. Как точно сказано! Мы становимся отражением наших мыслей. Наши мысли, а не наши обстоятельства, определяют нашу удовлетворенность. Наши мысли, а не наши друзья, муж, дети, работа или что-то еще, определяют наше довольство!

Священное Писание повелевает нам сосредоточить свой разум на истине и пленять всякое помышления (2 Кор. 10:5). Моя подруга Лорейн так объясняет повеление пленять всякое помышление: «Мои негативные мысли подобны нетерпеливым детям, которые прыгают и кричат: "Посмотри на меня, посмотри на меня!" Я вместе с Иисусом беру эти негативные "младенческие мысли" и усаживаю на стул, чтобы сосредоточиться на хороших мыслях. Иногда они не слушаются, вскакивают и снова кричат, требуя к себе внимания. Тогда Иисус и я снова возвращаем эти мысли обратно на стул, но на этот раз мы их там привязываем!»

Мы должны контролировать свой разум. Нам велено: «преобразуйтесь обновлением ума вашего» (Рим. 12:2). Мы обновляем свой разум, когда пленяем негативные мысли и думаем о позитивном.

Совершенство достигается практикой

В Филиппийцам 4:9 Павел соединяет Божий вклад с нашим. «Чему вы научились, что приняли и слышали, и видели во мне, то исполняйте, — и Бог мира будет с вами» (Фил. 4:9).

---

[5] Kenneth Samuel Wuest, *Philippians in the Greek New Testament* (Grand Rapids, MI: Eerdmans, 1948), 114.

Что приходит на ум, когда слышишь слово «упражнение»? Я вспоминаю, как в детстве училась игре на фортепиано и зубрила таблицу умножения, а когда выросла, заучивала глаголы немецкого языка. Упражняясь, мы много раз повторяем одно и то же. Приятного в этом мало. Это скучный и тяжелый труд. Но Павел увещевает нас упражняться. В чем упражняться?

- отдавать свои тревоги Богу
- молиться за конкретные нужды
- быть благодарными и
- размышлять о позитивном.

Давайте учиться замещать беспокойство молитвой, негативное — положительным — и мир Божий будет с нами! Второй раз в этом тексте мы читаем, что мир Божий приходит после нашего решения подчиниться. Так было у Павла, таким был его путь достижения довольства. Мне выпала честь знать замечательных женщин, которые прошли таким же путем. Вместе с апостолом они могут сказать: «Я научилась быть довольной тем, что у меня есть».

Решение смотреть на звезды

С Кристиной мы познакомились на семейной конференции в Румынии, где она была моей переводчицей. У молодой, энергичной и преданной Христу девушки было много планов на будущее. В то время она готовилась к вступительным экзаменам в университет.

Коммунистические режимы, подобные тому, через который прошла Румыния в 1981 году, специализируются на том, чтобы разбивать мечты, держа людей на уровне выживания. Продуктов не хватало, отопление включали нерегулярно (если вообще включали). Время от времени давали горячую воду и на несколько часов в день газ для приготовления пищи. Чудом можно было считать, что у кого-то вообще были мечты! Но пока университеты были для нее открыты, Кристина поставила себе цель туда поступить.

Она провалила экзамен, но не из-за низкой оценки. Ей не дали поступить в университет, потому что ее отец был христианским служителем. Как нечестно! Как несправедливо! Многие бы впали в уныние, но не Кристина. Она решила думать позитивно.

«Линда», — сказала она, — «я не могу поступить в университет, зато могу заниматься сама и улучшать свой английский. Тогда в следующий раз, когда ты приедешь в Румынию, я буду переводить тебя лучше». Какую силу духа она проявила! Причем не один раз: семь лет Кристина молилась и упорно готовилась к вступительным экзаменам. Семь лет ей отказывали. Семь раз она утешалась, что Бог знает, что делает. Конечно, у нее бывали дни сомнений, дни, когда ей хотелось пожалеть себя. Очень непросто быть довольной в тяжелых обстоятельствах. Тем не менее она семь раз решала думать о позитивном.

В Соединенных Штатах тоже есть женщины, которые научились быть довольными. Моя подруга Тэмми страдает от неизлечимой дегенеративной болезни, в результате которой у нее нет детей и которая в конечном счете заберет ее жизнь. Ежедневно Тэмми принимает по 30 обезболивающих таблеток. Я была в ее городе с лекциями о довольстве. Чтобы прийти на собрание, она поднялась с постели. Когда я попросила присутствующих женщин написать список позитивных моментов в жизни и список негативных, я сильно переживала за Тэмми. В ее жизни был один негатив. Что позитивного она сможет найти?

После лекции Тэмми подошла ко мне и сказала: «О, Линда! Как же по душе мне было это задание! У меня получилось 20 пунктов в позитивном списке и всего 4 в негативном!»

После таких слов мне оставалось только молиться: «О, Боже, прости меня. Боюсь, на месте Тэмми у меня с этими списками получилось бы наоборот».

Я все еще в процессе обучения довольству в любых обстоятельствах. Бог использовал жизнь в Гонконге (с ее гекконами, влажностью и грабителем), чтобы лучше научить меня пребыванию в Его мире.

Всем нам отчаянно нужно довольство, внутреннее умиротворение, не зависящее от наших обстоятельств. В конечном счете довольство — это скорее изменение отношения, а не изменение обстоятельств. Павел изменил свое отношение, приняв решение не беспокоиться, а с благодарностью молиться за конкретные нужды. Он решил думать о хорошем, хотя в его жизни хватало негатива. В результате он обрел Божий мир.

Трудные обстоятельства бывают у всех; у некоторых даже трагические. Если вам тяжело, то я сопереживаю вашей боли. Я часто молилась: «Боже, пусть эта боль не будет напрасной. Используй ее для уподобления меня в Твой образ. Используй ее, чтобы научить меня довольству».

Когда в мою жизнь приходят трудности, я слышу Божий голос: «Линда, предоставь это Мне. Смирись. Прими Мои сроки. Прими Мои пути. Прими Мои итоги. Уповай только на Меня». Его голос также говорит: «Линда, принимай сокровенные решения, которые Меня прославят. Хотя никто не увидит этих решений и не узнает, как они трудны, принимай их ради Меня».

Алина, Кристина и Тэмми — все они сделали выбор, на чем сосредоточить свое внимание. Вам тоже нужно сделать выбор. Что это будет — грязь или звезды?

ГЛАВА 3

Довольна быть собой

История Санды

Я прокручивала свой план в голове:

Выхожу из поезда и «выгляжу как румынка».

Подхожу к кассе и кладу на прилавок три лея за трамвайный билет. (Молюсь, чтобы никто не задавал вопросов!)

Сажусь на трамвай, идущий налево. Налево, Линда, запомни — налево. Схожу на пятой остановке.

Иду направо к третьему дому. Поднимаюсь на восьмой этаж.

Стучу в дверь 8В.

Остаюсь в квартире 8В, пока туда будут приходить женщины, чтобы научиться преподавать другим женщинам.

Память об этой поездке — это память о страхе. Я никогда не бывала в том городе. Что ЕСЛИ БЫ я не смогла взять билет? Что ЕСЛИ БЫ я заблудилась? (Мой румынский состоял из «спасибо», «пожалуйста», «хлеб», «вода» и «до свидания».) Я много путешествовала по коммунистическим странам, но обычно была не одна. В тот раз я была одна.

План работал как часы, пока я не начала подниматься к квартире 8Б. На улице стемнело, поэтому на лестнице в подъезде и в коридорах была кромешная тьма. Медленно, на ощупь я поднималась по лестничным пролетам, считая этажи. Каким облегчением было оказаться на площадке восьмого этажа! Но и тут не было света. Какая из дверей 8Б? Если я постучу не туда, то у Санды, хозяйки квартиры, могут быть неприятности, потому что румынам нельзя было общаться с людьми с Запада. Очевидно, что, зная пять слов, за румынку я не сойду. Двигаясь на ощупь вдоль стены, я подошла к двери, помолилась, постучала, и в проеме показалось дорогое лицо Санды. Ура!

День и ночь в эту квартиру приходили женщины, чтобы научиться вести группы по изучению Библии. Во всем этом удивительно было то, что в церкви Санды считали, что единственное служение женщины — это молиться за своих мужей и рожать детей. Фактически, в ее церкви учили, что женщина спасается чадородием (они основывались на неверном толковании 1 Тимофею 2:15). Но эти женщины хотели преподавать Библию другим людям.

День за днем Санда внимательно слушала. Она почти не говорила, и ее напряжение отражалось на ее измученном лице. Я очень сомневалась, что она сможет проводить библейские занятия. Через какое-то время пришло просветление, и она сказала: «Теперь мне понятно. Я должна рожать духовных детей!»

Какая радость видеть бодрую женщину, женщину, готовую сказать: «Боже, я не знаю свои духовные дары. Я попробую преподавать, хотя и боюсь. Я буду милосердной. Я буду гостеприимной. Открой, как я могу прославить Тебя».

Хотя Санда робела, она начала проводить группы в своей церкви. После падения коммунистического режима она стала разъездным преподавателем в церквях по всей Румынии — экспертом женского служения в своем союзе церквей! Когда эти церкви проводили межцерковные женские конференции, застенчивая Санда была ключевым спикером, выступая перед тысячными женскими аудиториями.

Голос дочери звучал с особенной теплотой: «Мама, я беременна! Ты скоро будешь бабушкой!» Я сразу же вспомнила свою бабушку и маму, которая была бабушкой моих детей. Теперь пришел мой черед. Я входила в новый период жизни! Новая радость — новорожденный малыш!

В ту ночь я старалась заснуть, но мысли постоянно возвращались к этой новой жизни, созидаемой Богом. Я открыла Псалом 138 и, перефразируя, стала молиться о своей драгоценной еще не родившейся внучке:

«О Боже, хвала Тебе за то, что все ее пути известны Тебе. Благодарю Тебя, что Ты окружаешь ее сзади и спереди и полагаешь руку благословения Твоего на голову ее. От осознания этого я преисполнена благодарности. Благодарю Тебя.

В этот самый момент Ты, Искусный Ткач, формируешь ее личностный и эмоциональный характер, сшивая все это воедино в утробе моей дочери. Чудны дела Твои!

Ты знаешь все о моей внучке. Ты сплетаешь воедино ее тело и дух. Как мастер создает замысловатые тканные узоры, так и Ты контролируешь появление каждой детали ее изумительного дизайна.

Ты предначертал все дни ее на земле. Ты уже готовишь ее наследие и чашу ее.

О, Боже, Ты велик! Я славлю Тебя! Ты создал ее такой, какая она есть и предназначил, что ей нужно делать. Ты создал ее, чтобы она исполнила уникальный замысел, предначертанный специально для нее. Славлю Тебя, ибо она дивно устроена. Я славлю Тебя за Твои дивные дела!»

Разве не отрадно думать, что Бог знал каждого из нас до того, как создал? Он задумал, как будет выглядеть каждый из нас, кто будет нашими родителями, с кем мы вступим в брак, если вступим, и сколько у нас будет детей. Бог заботился о нас до того, как мы Его узнали. Он хранил каждого из нас, как сокровище, пока не вызвал к бытию. Бог говорит, что Он сформировал каждого из нас дивным образом.

Может быть, вы думаете: «Линда, я читала Псалом 138 и знаю, о чем там говорится». В таком случае хочу попросить вас кое-что для меня сделать. Можете представить, что никогда не читали его раньше? Откройте этот прекрасный псалом и попросите Бога, чтобы Он дал вам глаза, чтобы видеть, уши, чтобы слышать и сердце, чтобы понимать, что Он вам говорит.

Бог сотворил вашу индивидуальность

Давайте подробнее рассмотрим этот великий псалом. Начинается он так: «Господи! Ты испытал меня и знаешь» (стих 1). Иными словами, каждая сторона жизни Давида была изучена Богом и находилась под контролем того, что Он знал. Богу были досконально известны все пути Давида (стих 3) еще до того, как Он его сотворил. Потрясающе! Давид говорит, что Божье знание было таким полным, как если бы Он изучил каждую деталь его жизни. Бог знал поступки Давида и, что еще более удивительно, его мысли [6].

Бог знает о вас все. Это трудно осознать, не правда ли? Всемогущий Творец вселенной проявил личный интерес к вам до того, как о вас узнала ваша мать. Псалмопевец продолжает, приводя примеры того, насколько Бог близко его знал: «Ибо Ты устроил внутренности мои и соткал меня во чреве матери моей» (стих 13). В еврейском языке слово «внутренности» означало местонахождение желаний и стремлений, самой личности человека. Еще до того, как родился Давид, Бог сформировал его индивидуальность.

Сходным образом, формируя вас, Бог создал не только ваше тело, но и ваш эмоциональный уклад — вашу индивидуальность.

Давид настолько потрясен этой истиной, что восхищенно славит Бога: «Славлю Тебя, потому что я дивно устроен. Дивны дела Твои, и душа моя вполне сознает это» (стих 14).

Вы когда-нибудь благодарили Создателя за то, что Он с любовью вас устроил? Славили ли вы Его за то, что Он создал вашу индивидуальность? Скажете ли вы вместе с Давидом: «Славлю Тебя, потому что я дивно устроен»? А может быть, вы узнаете себя в следующем примере?

Алиса никогда не благодарила Бога за свою индивидуальность. Фактически, она полагала, что Бог совершил ошибку, когда ее создал. Почему? Алиса — интроверт и «закулисная» дама. Она знает о своей застенчивости и изо всех сил старается избегать компаний и общества. Она даже частенько пропускает богослужения, потому что ей очень не нравится,

---

[6] J. I. Packer, "The Secret of Contentment" (address given at Wheaton College, Wheaton, IL, February 27, 1984).

когда пастор просит верующих пообщаться с гостями. Она мечтает быть такой же живой, как Мария. Мария всегда ведет себя в обществе непринужденно!

Постоянно сравнивая себя с такими как Мария, Алиса не замечает красоты своей индивидуальности. Она понятия не имеет, зачем Бог ее создал; она даже никогда не спрашивала Его об этом. Она слишком занята мыслями о том, чего у нее нет, не замечая того, чем Бог ее одарил.

Итак, вы Мария или Алиса? Почему бы вам прямо сейчас не поблагодарить Бога за то, что Он создал вашу особую индивидуальность?

Бог создал ваше тело

Согласно Псалму 138 Бог сотворил не только вашу индивидуальность; Он также дал вам ваше тело. В 15-м стихе сказано: «Не сокрыты были от Тебя кости мои, когда я созидаем был в тайне, образуем был во глубине утробы».

Еврейское слово, переведенное «образуем», буквально означает «вышитый». Это то же самое слово, которое используется для описания художественной вышивки на завесе ветхозаветной скинии. Формируя вас в чреве вашей матери («во глубине утробы»), Бог искусно «вышивал» вас. Бог видел каждую деталь строения вашего тела, для других невидимую. Бог сплетал воедино ваши сосуды, мускулы, нервы и каждый изгиб и углубление, уникально вас определяющие. Какой гобелен сравнится с тканью человеческого тела?

Возможно, вы думаете, что гобелен других женщин прекрасен, а ваш — нет. «Мне не нравится мой нос, мои бедра, моя грудь. Вообще-то, мне мало что в себе нравится». Каждая из нас хотела бы в себе что-нибудь изменить. Но если мы недовольны своей физической оболочкой, то мы, по сути, спорим с Богом. Это Он несет ответственность за цвет наших волос, форму носа и ширину бедер.

Меня не удивляет, что так много женщин переживают из-за своей внешности. В нашей культуре произошло извращение ценностей. Мы постоянно находимся под давлением, которое создает медиа с призывом иметь «совершенное» тело. Это неверный и не библейский акцент. Мы, женщины-христианки, знаем, что это извращенный взгляд, и все же легко подхватываем смертельный вирус сравнивания.

Мой муж Джоди уверен, что женщины смотрят на других женщин чаще, чем это делают мужчины. Прозвучит, конечно, странно, но я с ним соглашусь. Мы, женщины, анализируем, изучаем, сравниваем, чтобы понять, насколько мы соответствуем образу супермодели в откровенном купальнике. Я никогда не выигрывала от такого сравнения. Когда мы сравниваем себя с другими, то поступаем неразумно. В пересказе «Живая Библия» такое сравнение называется «глупостью» (2 Кор. 10:12).

Несколько лет назад я прочла статью Джеймса Хафстетлера, в которой он рассуждает о таком сравнении:

«Вас никогда не смогут радовать другие люди, вы не будете иметь покоя, вы никогда не сможете проводить жизнь благочестивого довольства, вы никогда не победите зависть и не сможете искренне любить других, пока не возблагодарите Бога за то, что Он сотворил вас такими, какие вы есть»[7].

Богу угодно, чтобы мы прославляли Его за Его мастерство в том, как Он нас создал.

---

[7] Elisabeth Elliot, *The Elisabeth Elliot Newsletter* (March–April 1995), 1.

Джордж Макдональд, человек, которого Клайв Стейплз Льюис называл своим наставником, писал:

«Я предпочту быть таким, каким Бог решил меня сотворить, чем самым славным созданием, которое я только могу себе представить; потому что быть рожденным в замысле Божьем и затем быть созданным Им — это самое чудесное, самое великое, самое замечательное, о чем можно подумать»[8].

Это можно назвать молитвой довольства.

Сотворение цели вашей жизни

Есть еще одна, последняя истина, которую мы узнаем о себе из Псалма 138. У Бога есть план — цель — для каждой жизни. «Зародыш мой видели очи Твои; в Твоей книге записаны все дни, для меня назначенные, когда ни одного из них еще не было» (Пс. 138:16).

Богословы говорят, что у этого стиха есть два возможных значения. Первое — Бог предопределил число дней жизни Давида. Другие тексты Писания тоже подтверждают такое толкование. Давид говорит, что его время было в руке Божией (Пс. 30:16). Иов утверждает: «Если дни ему определены, и число месяцев его у Тебя, если Ты положил ему предел, которого он не перейдет...» (Иов. 14:5). Второе возможное значение: все события жизни Давида, день за днем, записаны в книге у Бога до того, как он родился. Другими словами, у Бога был план жизни Давида. Такое толкование с учетом контекста этого стиха, представляется более разумным.

Как это применимо к нам? Это значит, что всемогущий Творец вселенной определил для нас цель. Бог действовал

---

[8]   Mrs. Charles E. Cowman, *Streams in the Desert* (Grand Rapids, MI: Zondervan, 1925), 108.

с определенной целью, создавая вас, потому что у Него был план, который вам нужно выполнить. Вот как вы любимы и уникальны! Все ваши сильные стороны — как и слабые — были созданы, чтобы соответствовать уникальному плану, который для вас приготовил Бог. Никто кроме вас не может его осуществить. Божий план для вас и для меня охватывает не только события или обстоятельства, с которыми мы встречаемся. Он включает и то, кем Бог нас хочет видеть, и что Ему угодно совершить в нас и через нас[9].

В своей книге «Можно ли в беде положиться на Бога» Джерри Бриджес говорит:

> *Стихи 13–16 Псалма 138 нужно воспринимать, как единое целое. Бог создал наши внутренности, сотворил нас в утробе матери такими, какие мы есть, способными исполнить Его замыслы, которые были у Него еще до нашего рождения. Вы не случайный результат действия биологических процессов. Ваша профессия и положение в обществе — тоже не случайность. Все именно так, как замыслил Бог[10].*

Согласно Ефесянам 2:10 мы с вами «Его творение, созданы во Христе Иисусе на добрые дела, которые Бог предназначил нам исполнять». Когда я разочарована своими талантами, дарами и способностями, которыми наделил меня Бог, я напоминаю себе, что Бог — благословенный Владыка всего (1 Тим. 6:15). Если я этому верю, то должна верить и тому,

---

9   Цитируется у Дж. Р. Миллера в напечатанной проповеди, "Finding One's Mission" (Swengel, PA: Reiner Publications), 2.
10   Jerry Bridges, *Trusting God Even When Life Hurts* (Colorado Springs, CO: NavPress, 1988), 165–66.

что Он благословенный Владыка «всего», что относится ко мне. Моей внешности. Моей индивидуальности. Моих даров и талантов. В глубине души я хочу угодить Богу, а Ему угодно, когда я довольна тем, какой Он меня создал.

Возможно, вы тоже хотите быть довольной, но слышите голоса, которые говорят: «Будь успешной. Будь популярной. Будь красивой. Будь совершенной». О, дорогая моя, не прислушивайся к этим голосам. Слушай голос Божий:

> Сие ли воздаете вы Господу, народ глупый и несмысленный? Не Он ли Отец твой, [Который] усвоил тебя, создал тебя и устроил тебя? (Втор. 32:6)

> Твои руки трудились надо мною и образовали всего меня кругом… Вспомни, что Ты, как глину, обделал меня… Не Ты… кожею и плотью одел меня, костями и жилами скрепил меня (Иов. 10:8-11).

Элен Келлер, слепоглухая от рождения, написала эти заставляющие задуматься слова:

> Отняли у меня глаза и зренье,
> (но я же помню Мильтоновский «Рай»)
> И слух отняли — звуков наслажденье.
> (Бетховен стал мне слезы утирать)
> Потом неслышной стала речь моя,
> (Но с детства с Богом говорила я)
> Он не позволит отобрать и душу
> владея ею, я имею все [11].

---

[11] Edythe Draper, *Draper's Book of Quotations for the Christian World* (Wheaton, IL: Tyndale House Publishers, 1992), 1825.

Эти прекрасные строки меня смиряют. Когда я читаю их, мне хочется упасть ниц перед Господом и просить прощения за то, что я жалуюсь из-за каких-то незначительных отклонений. Как же трудно было, наверное, Элен Келлер принять физическую «оболочку», которую дал ей Господь.

Итак, как же нам стать довольными тем, какими нас сделал Бог? Возможно, в этом поможет еще одна аналогия.

Ваше проявляющееся изображение

Рама. Представьте, что ваша жизнь — это картина. Рама этой картины состоит из вашей индивидуальности, ваших физических особенностей, ваших дарований и способностей. Наверное, ни для кого не новость, что многие женщины вместо того, чтобы благодарить Бога за раму, которую им дал Бог, убивают свое время в попытках ее изменить.

Однажды я прочитала показательную историю об одной такой женщине. Виктория была не довольна рамой, которую для нее сделал Бог. Она была уверена, что ее физические и эмоциональные отклонения, ее слабости были крестом, который ей приходилось нести. Ей хотелось бы иметь другую раму. И вот, однажды ночью ей снится, что ее приводят в комнату, где лежит множество рам всех форм и размеров. Обнаружив прекрасную раму, обложенную золотом и драгоценными камнями, наша Виктория воскликнула: «О, вот эта как раз для меня!» Она повесила на себя тяжелую, сверкающую драгоценностями раму. Золото и драгоценные камни были прекрасны, но слишком тяжелы для нее, и она упала под их весом. Следом Виктория нашла милую рамочку с нежными цветами, обвивавшими ее изысканную форму. Ну уж эта ей точно подойдет. Поспешно она схватила ее, но под цветами оказались изранившие ее тело острые шипы.

Неужели не найдется здесь подходящей для нее рамы? Она подошла к простой раме. Никаких драгоценных камней. Никаких нежных цветов. Однако в этой раме было что-то привлекательное. Она подняла раму, повесила на себя, и оказалось, что та идеально подходит. Рассмотрев раму со всех сторон, она обнаружила, что Бог изначально создал эту раму для нее! [12]

Дорогие мои, чья-то рама выглядит привлекательней вашей? Может быть, вы завидуете женщине, обрамление которой усыпано драгоценными камнями или украшено цветами, не догадываясь, насколько оно обременительно. Молитесь, чтобы Бог помог вам увидеть мудрость в том, какое обрамление Он для вас задумал.

Картина. Теперь давайте рассмотрим картину в раме. Это полотно представляет собой проявляющееся изображение, кем вы становитесь. Бог делает фон, затем наносит мазки на холст вашей жизни, планируя сотворить шедевр. Бог приглашает вас писать эту картину вместе с Ним. Если вы подчинитесь Его мастерству, через картину вашей жизни будет проявляться характер Христа.

Отойдите назад и посмотрите на это полотно. Что в нем отражается? Характер Христа или беспорядочная деятельность? Какие краски вы используете — палитру характера или палитру достижений? Очень часто в нашей жизни достижения и деятельность затмевают возрастание и становление. В беспорядочной спешке мы пытаемся написать эту картину

---

[12] Адаптировано из аллегории миссис Charles E. Cowman, *Streams in the Desert* (Grand Rapids, MI: Zondervan, 1925), 271.

своими достижениями, хотя на первом плане должен быть наш внутренний человек. Джордж Макдональд сказал об этом очень хорошо: «Он хотел достичь чего-то делами, когда желаемым достижением было само бытие»[13]. За что в Писании удостаивались похвалы мужчины и женщины? За их внутренний характер. Богу угодно, чтобы мы сосредоточились на уподоблении Христу, на формировании нашего характера в Его образ. Вот какую картину Он желает написать. Мы же склонны обращать внимание на обрамление. Наш фокус искажен, говорит Бог.

Когда Самуил оценивал сыновей Иессея, чтобы выбрать следующего царя Израиля, Бог предупредил его:

> *Не смотри на вид его и на высоту роста его; Я отринул его; Я [смотрю не так], как смотрит человек; ибо человек смотрит на лице, а Господь смотрит на сердце (1 Цар. 16:7).*

В отличие от нас, Бог обращает внимание на внутренние качества. От Соломона мы узнаем, что «благонравная жена приобретает славу» (Прит. 11:16) — не красивая или умная, но женщина доброго нрава. Петр подчеркивает эту внутреннюю красоту, когда описывает, что важно для Бога: «Да будет украшением вашим не (только) внешнее плетение волос, не золотые уборы или нарядность в одежде, но сокровенный сердца человек в нетленной [красоте] кроткого и молчаливого духа, что драгоценно пред Богом» (1 Пет. 3:3-4). Внутренний характер женщины — вот ее украшение!

---

[13] George MacDonald, *Unspoken Sermons* series 3 (London: Longmans, Green & Co., 1981), 6.

Женщина с особым характером

В очень известном месте Писания, Притчах 31:10–31, приводится портрет женщины особого характера и мудрости. Когда вы читаете об этой суперженщине, что вам приходит на ум? Длинный перечень ее достижений? Так я и подумала. Да она просто неутомимый «делатель». Однако, внимательно прочитав текст, вы обнаружите, что все ее достижения проистекали из ее внутреннего характера. Эта женщина очень умело и успешно применила свое знание о Боге, и поэтому ее жизнь стала прекрасной картиной.

Мы не знаем ее имени и как она выглядела. Мы не знаем ее индивидуальных особенностей. Но нам известно, что ее муж и ее взрослые дети хвалили ее: «Много вокруг женщин с особым характером, но ты превзошла всех их. Миловидность обманчива, сокрытие уродливой внешности и красота поверхностны; а вот женщина, которая боится и чтит Господа, по-настоящему миловидна и приятна. Хвалите ее!» (стихи 29–30, парафраз Л.Д.). Заметили ли вы, за что ее хвалили? Не за то, что она вставала на заре и работала до ночи, и не за то, что она шила им одежды, поддерживала порядок в доме и носила пищу бедным. Они хвалили ее за ее духовный характер. Какая великая честь! Из всех известных им женщин она была лучшей. Эта исключительная женщина верила, что Бог — благословенный Владыка в ее жизни. Она также знала, что Бог ожидает от нее благочестивых выверенных решений. Это включало заботу о внешнем виде, поэтому она одевалась в «виссон и пурпур» (22 стих). Более трудная задача — это сдерживать свой язык: «Уста свои открывает с мудростью, и кроткое наставление на языке ее» (стих 26). Женщина из Притчей 31 не была под гнетом обстоятельств, семейных нужд и домашнего хозяйства. Она контролировала свое поведение, свое время и свое расписание. Отношения с Богом для нее были важнее всего. Она стала такой благодаря тому, что покорилась суверенному Божьему руководству. Она предоставила Господу право расписывать холст ее жизни. Вместе с этим она взяла ответственность за свою внешность, свой язык и свою деятельность.

Соблюдение Божьих заповедей

Бог дает нам весьма любопытное повеление в Бытии 1:28. Стихом ранее Он объявил, что сотворит мужчину и женщину по Своему образу, и теперь дает им поручение:

> *И благословил их Бог, и сказал им Бог: плодитесь и размножайтесь, и наполняйте землю, и обладайте ею, и владычествуйте над рыбами морскими и над зверями, и над птицами небесными, и над всяким скотом, и над всею землею, и над всяким животным, пресмыкающимся по земле.*

Каждая женщина создана по образу Божьему. Он наделил каждую из нас властью, ответственностью и способностями. Вот где находится настоящий источник нашей идентичности — источник нашей цели и значимости. В Бытии 1:28 Бог дает нам три основных повеления:

- Управлять: управляя, мы принимаем решения, определяющие развитие и исход дела.
- Подчинять: подчиняя, мы берем что-то под свой контроль и поддерживаем этот контроль путем добросовестного обслуживания.

- Производить: производя, мы создаем ценности путем умножения [14].

Сфера вашего владения и влияния — это все, что входит в зону вашей ответственности. Чем Бог доверил вам владеть? Какие люди, обстоятельства и собственность находятся в вашей сфере влияния? Прежде всего подумайте о самой важной личности, которой вы должны управлять — о себе самой. Каждая из нас должна управлять своим телом, своим характером и своими талантами. Как же легко мы начинаем оптимизировать необходимость подчиняться Богу, когда речь заходит об ответственности в этих сферах!

Лиза постоянно говорила, что ей не нравится ее внешность. Нет, проблема была не в том, что сотворил Бог, а в 20 лишних килограммах, которые она набрала. Лишний вес Лизы не был вызван проблемами со здоровьем. Она не умеряла свой аппетит, не упражняла свое тело. Ей было легче жаловаться на то, что дал ей Бог, чем взять на себя ответственность за Его дар.

Марта постоянно раздражала людей своим сарказмом. Когда друзья пытались обличить ее в неправильном поведении, она отвечала, что ничего не может с собой поделать. Она говорила, что родилась с острым язычком и взрывным нравом. Ей было легче свалить все на «наследственность», чем взять себя в руки и изменить свой характер.

Лена любила себя пожалеть. Она утверждала, что у нее нет талантов. Бог прошел мимо нее, когда их раздавал. А на самом деле удобнее обвинять Бога, чем служить Ему тем, чем можешь. Лена не хотела управлять и владычествовать в своей

---

[14] Barbara K. Mouser, *Five Aspects of Woman: A Biblical Theology of Femininity* (Mountlake Terrace, WA: WinePress, 1995), 15.

сфере. Санда, моя дорогая румынская подруга, о которой я писала в начале главы, была готова делать то, в чем чувствовала себя неуверенно, чтобы узнать, не хочет ли Бог использовать ее в роли лидера. Лена же предпочитала сидеть и ныть.

Я убеждена, что женщина, которая не понимает себя и своего предназначения — это женщина, которая не хочет взяться за свое становление. Не забывайте: Бог пишет картину на холсте нашей жизни. Наше тело — это всего лишь рама. Бог планирует написать прекрасную картину, чтобы другие увидели наш характер и уникальное проявление жизни Христа, и вставить ее в эту раму. Но Он не может создать это произведение искусства без нашего участия. Нам надлежит вместе с Ним всю жизнь трудиться над этим совместным проектом. Если вы решили критиковать свою «раму» или противиться Божьей кисти, то довольства вам не обрести. Оно ускользнет от вас. Если же вы посмотрите с позиции Бога, то увидите картину в раме и послание, которое Он через вас доносит, и тогда вы сможете сказать: «Я довольна собой».

Леонардо да Винчи был великим живописцем. Когда Леонардо ходил в учениках у одного художника, мастер однажды подозвал его к себе и попросил закончить полотно, которое начал. Учитель был уже стар и чувствовал, что ему пришло время оставить живопись. Молодой Леонардо относился к мастерству своего учителя с таким уважением, чего его привела в трепет мысль, что он будет добавлять свои мазки на картину мастера. Учитель же просто сказал: «Постарайся изо всех сил».

Дрожа от волнения, Леонардо взял кисть и в молитве преклонил колени у мольберта: «Только ради моего дорогого учителя я прошу о мастерстве и способности, чтобы справиться с этим делом». Когда он начал писать, его рука стала тверже, глаз острее, в нем пробудился дремавший гений. Он создал шедевр [15].

Друзья мои, может быть, и вам пора взять кисть и склониться перед своим Мастером?

---

[15]   Mrs. Charles E. Cowman, *Streams in the Desert* vol. 2 (Grand Rapids, MI: Zondervan, 1966), 235.

ГЛАВА 4

Довольна своей ролью

История Марианны

Мои туфли тонули в вязкой коричневой жиже, окружавшей мрачный многоквартирный дом. Где деревья, где цветы? Сердце гулко стучало в груди, пока мы с подругами поднимались по цементной лестнице на седьмой этаж в крошечную квартиру Марианны. В ней было всего лишь тридцать семь квадратных метров жилой площади, поэтому Марианна с мужем спали в гостиной, а трое их детей занимали спальню.

Когда я вошла, двадцать женщин принялись меня обнимать и целовать в обе щеки. Как милы были эти женщины! Но какими усталыми они выглядели. Румынское правительство требовало, чтобы все (включая молодых матерей) работали по шесть дней в неделю. С едой было плохо, и большинство женщин утром до работы часами простаивали в очередях. Значит, вставать им было нужно в 4 утра, а возвращались домой они в 6 вечера. Вечерами они готовили (никаких полуфабрикатов не было), стирали (часто вручную) и развешивали белье сушиться прямо в квартире.

Вершиной такого физически тяжелого существования была гнетущая духовная обстановка. Собираться христианам было запрещено. Если бы узнали, что мы изучаем Библию, то не миновать обыска, допроса или чего похуже. Марианна попросила нас петь «С днем рождения тебя», если кто-нибудь постучит в дверь. Женщины собирались на такие встречи раз в месяц. О дне, времени и месте собрания договаривались устно или по телефону с такими словами: «День рождения будет там-то и во столько». Я пришла на это тайное собрание, чтобы рассказать женщинам о роли жены в браке. Прежде чем я начала, Марианна подошла к буфету и достала оттуда потрепанную тетрадку, на обложке которой было написано Creatora Partenera. От переводчицы я узнала, что это напечатанная на машинке копия моей книги «Созидающее партнерство». Для каждой девушки из церкви, когда она выходила замуж, Марианна печатала экземпляр этой книги на своей древней печатной машинке. Я лишилась дара речи…

Я молчала, пока эта усталая, переутомленная женщина говорила о том, как она возрастала в своей роли жены. «Каждый день, вернувшись с работы, я ложусь поспать на полчаса. Так я могу лечь позже нашего 18-летнего сына и провести некоторое время наедине с мужем. Недавно мы стали гулять вокруг дома, чтобы поговорить друг с другом. Я откладываю деньги и через шесть месяцев у меня будет достаточно, чтобы снять номер в гостинице и провести ночь наедине друг с другом».

Ее слова тронули меня до глубины души. Шесть месяцев откладывать, чтобы снять номер в гостинице? Ежедневные прогулки вокруг грязной дыры? В памяти зазвучали слова Господа: «Кому много дано, много и спросится» (Лук. 12:48). Как мало было у Марианны. Как много было дано мне. Она решила сосредоточиться на хорошем в своей роли жены и отдать все Богу и своему мужу. Могу ли я сказать то же самое?

«Линда, я знаю тебя как одну из немногих счастливых замужних женщин. Я понаблюдала за всеми замужними в нашей миссии. Из сорока только трое счастливы в браке». Этот шокирующий комментарий исходил от уважаемой мною незамужней миссионерки. Была ли она права? Неужели женщины, которые любят Христа и служат Ему, действительно производят впечатление, будто они недовольны своим браком?

Пастор Фред, который опекает неженатых, сделал в равной степени тревожное наблюдение. Когда его спросили, довольны ли своим положением незамужние женщины в его церкви, он ответил: «Конечно, нет! Каждую неделю в моем офисе плачут женщины, убежденные, что они обречены на жизнь в одиночестве. Они дрейфуют — выжидают время — пока не явится их суженый. Они уверены, что в безбрачии воли Божьей нет».

Какая ирония, правда? Незамужние женщины смотрят на замужних и хотят замуж. Замужние смотрят на своих мужей и хотят других. Бездетные хотят детей, а матери только и ждут того дня, когда их дети пойдут в школу.

Возможно ли вообще быть довольной своей ролью здесь и сейчас?

Никак не дождусь, пока...

Шерил — жена и мать; Лора — жена, мать и аспирантка; Терри — специалист, не замужем. Все они бывшие соседки покомнатевколледжеиподдерживаютсвязьдругсдругом поэлектроннойпочте.Далееследуютвыдержкиизихпереписки,отражающиеихпереживанияиразмышленияосвоих ролях, которые предназначил им Бог [16].

Дорогая Шерил!
Просто хотела тебе сообщить, что Брайана назначили заведующим кафедрой химии — наконец-то! Катрин и Тим заканчивают школу, а самая БОЛЬШАЯ новость — я тоже вернуласьвшколу!Явсегдажалела,чтонезакончиласвоеобучениевобластиучета,нопотянутьучебуБрайанаимою мы не смогли. Потом появились дети… да ты и так все знаешь…теперьпришелмойчеред!Тыоказаласьнастолько сообразительна,чтозакончилаучебуинабраласьопытадо того,каксоздатьсемью.Теперьутебяестьвсе:успешнаякарьера в прошлом и трое милых детей в настоящем.

Чудо-женщина! Напиши, когда сможешь.

С любовью, Лора.

Дорогая Лора!
Взялась за учебу? Вот это да, как же здорово! Подумать только.Черезпарусеместровбудешьискатьприличныйделовойкостюм,чтоносятшикарныеделовыеженщины.Завидую!Уменягардеробзабиткрасивойодеждой,аявпоследнеевремяношутолькосвитеры.Поправдесказать,только внихяивлезаю.Близнецамисполнилось4годавпрошлом

---

[16]   Эта переписка адаптирована из оригинального труда, написанного Леолой Флорен, газетного обозревателя из Мичигана и автора *The New Boss Has a Milk Mustache* («У нового босса молочные усы») (Kansas City, MO: Beacon Hill Press, 1996). Используется с разрешения.

месяце, а я все никак не избавлюсь от этих лишних пяти килограммов. Вчера я отправилась в супермаркет с пятном от варенья на своей филейной части. Я чувствую себя такой неряхой! Какая же ты счастливая. Нужно бежать. Надо поставить жаркое в духовку, а днем надо забрать ребенка.

С любовью, Шерил.

Дорогая Лора!
Я вернулась из Швеции в четверг, забрала свою почту, полила засохшие цветы, а сейчас я на пути в Мехико.

На счастье, в самолетах кормят так плохо, что за последний месяц я сбросила пять килограммов. Шерил говорит, что ты снова учишься. Это чудесно! Ты слишком умна, чтобы хоронить свой талант, готовя жаркое и забирая ребенка. Спасибо за попытку свести меня с тем адвокатом на Лонг-Айленд. Поверить не могу, что зовут его Тони Райт! Мистер Райт [17]… наконец-то! У меня есть время с 18-го до 23-го, а у него с 22-го по 25-е, так что мы попробуем вместе пообедать 22-го или 23-го. Я тебе еще напишу. Сейчас нужно передать по факсу статистику одному клиенту в Женеве.

С любовью, Терри.

Дорогая Терри!
Швеция? Мехико? С ума сойти! Все, о чем я мечтала, — это путешествия, но дома два подростка, и мы с Брайаном никуда не можем выбраться. Катрин только что получила права, и это меня тревожит, а Тим так поглощен спортом,

---

[17] Мистер Райт — на английском здесь игра слов: Мистер «Тот самый», Мистер «Подходящий». *Прим. пер.*

что даже и не хочет ехать с нами в отпуск. Я говорю себе, что нужно подождать еще четыре года, и потом у меня будет полная свобода. Полная свобода, но без денег. Знаешь, сколько стоит обучение? Даже в государственных заведениях сумасшедшие цены. Катрин твердо намерена поступать на ветеринара. Я не знаю, почему она решила, что будет заботиться о чьих-то домашних животных, когда дома даже кошачий лоток не почистит. Повезло тебе, что нет у тебя детей, от которых столько забот.

С любовью, Лора

Дорогая Терри!
Адам только что уехал в школу, а близнецы спят, так что, надеюсь, у меня будет время закончить это письмо. Будь возможность смотреть через экран, ты сразу бы заметила, что моя новая белая блузка теперь лиловая — результат происшествия за завтраком, о котором умолчим. Достаточно сказать, что теперь нам ДЕЙСТВИТЕЛЬНО нужен новый ковер. Спасибо, что помнишь о моем дне рождения. Ароматизированное мыло и пена для ванной — настоящее удовольствие, и я вся в ожидании, как следующей осенью, когда близнецы пойдут в детский сад, буду долго отмокать в ванне. Лора писала мне несколько недель назад. Она собирается продолжить учебу, чтобы получить диплом. Я так завидую! У меня теперь есть время на книги, в которых повторяются одни и те же слова: прыг-прыг, топ-топ, хлоп и стоп. Пиши, когда сможешь. Я знаю, что ты много путешествуешь, и мне интересно узнать об экзотических местах.

С любовью, Шерил.

Дорогая Шерил!

Хотела бы я провести выходные у тебя, подержать Адама и близнецов на коленях и почитать «прыг, хлоп, топ, стоп» вместо нудных отчетов о продажах. Тебе так повезло, что у тебя есть семья, которая тебя обожает. Я все еще надеюсь, но боюсь, что мои биологические часы остались в другом часовом поясе. Провела прошлые выходные в Париже. Его переоценивают. Ненавижу багет. В следующий раз, когда придется ехать за границу, возьму с собой буханку «Wonder Bread».

С любовью, Терри.

Дорогая Лора!

Вчера получила плохие новости. Мне позвонили из банка и сказали, что Линде Дэвис предложили кресло вице-президента компании. Она ведь была моей подчиненной! И, кстати, не очень хорошим работником. Не могла свести баланс в своей чековой книжке и теперь лезет наверх. Терри в Париже и жалуется на еду. Можешь себе представить??? Подробнее позже. Близнецы проснулись и ищут виноградный сок. Ты знаешь, насколько это опасно.

С любовью, Шерил.

Дорогая Терри!

Ты не поверишь, но я беременна! Не знаю, как это случилось! Ну, так-то я знаю, как это происходит, просто не пойму, почему сейчас. Я предвкушала свободную жизнь, и вот, пожалуйста! Почему я? Почему сейчас?

Все еще в шоке,
Лора.

Дорогая Шерил!

Слышала новости о Лоре? Малыш ожидается в марте. Она сейчас в шоке, но я уверена, что в конце концов она с этим смирится. Это все равно как вторая семья. Ты понимаешь, что ей будет 55, когда этот ребенок закончит школу? Интересно, она об этом думала? Мы наконец встретились с мистером Райтом с Лонг-Айленда. Какой идиот! Зациклен на своей карьере. Он сказал, что хочет встретиться снова, но, когда я ответила, что могу 13-го и 29-го, он захотел, чтобы я отложила свою поездку в Японию на 24 часа, чтобы мы могли поужинать 28-го. Почему это я должна жонглировать своим графиком? Почему я не могу встретить хорошего парня с правильно расставленными приоритетами, у которого на первом месте буду я? Разве я многого прошу?

С любовью, Терри.

Дорогие Терри и Лора!

С этого времени буду посылать вам одинаковые письма, потому что времени хватает только на одно письмо! Сегодня утром я обнаружила хомяка Адама плавающем в унитазе, а потом весь день пошел под откос. Близнецы выпили пену для ванн — мой подарок на день рождения — и нас не отпускали из неотложки, пока обоих не вырвало. Не могу дождаться, когда дети вырастут, и я вернусь на хорошую спокойную работу с оплачиваемым отпуском.

С любовью, Шерил.

P.S. Когда мы учились, мы никак не могли дождаться, когда станем взрослыми, чтобы делать то, что хочется. Так когда же это случится?

Шерил задала хороший вопрос. Когда женщина взрослеет? Может быть, когда перестает сравнивать свою жизнь с жизнью других женщин. Когда перестает ожидать «мистера Райта». Когда перестает переживать, что не вышла замуж за другого, или мечтать, чтобы ее дети уже подросли.

Мы взрослеем, когда видим свою жизнь и свою роль с точки зрения Бога; когда мы благодарим Бога за роль, которую Он нам предназначил, и воспринимаем свой удел как дар, а не крест; когда каждое утро спрашиваем: «Боже, как мне сегодня прославить Тебя в той роли, которую Ты мне дал?»

Какие роли вы исполняете?

Все мы исполняем в жизни роль. Роль — это «персонаж в пьесе». Джулия Ормонд в фильме «Сабрина» играла глупую молодую девушку, увлеченную ветреным парнем. В «Первом рыцаре» она была королевой Гвиневрой, от решения которой зависели жизнь или смерть тех, кого она любила. Эти две совершенно разные роли сыграла одна актриса. Мы используем слово роль, чтобы описать свою «часть», которую мы играем в жизни. Многие из нас, как Джулия Ормонд, играют много разных ролей.

Элизабет знала много ролей. Она была влюблена и хотела выйти замуж, однако оставалась незамужней четыре года после окончания колледжа. А когда, наконец, вышла замуж за возлюбленного, то была уверена, что это навсегда. Через два года и 3 месяца у нее была новая роль — вдова. Четырнадцать лет она опять была одна. Бог приготовил ей сюрприз в виде второго мужа, и она снова играла роль жены — на этот раз шесть лет. Потом она вновь стала вдовой. Когда Бог дал ей третьего мужа, она очень удивилась.

Элизабет изящно играла все свои роли, поскольку верила, что каждая роль была даром Божьим. Как, спросите вы, может вдовство или безбрачие быть даром? Дадим слово самой Элизабет.

«В двадцать три года Бог дал мне дар безбрачия. В двадцать семь — дар брака. В двадцать девять — дар вдовства. Я перестала быть женой. Я была вдовой. Еще одно призвание. Еще один дар. Не надо думать, что эта мысль пришла мне сразу, как пришло известие о смерти мужа. "О, Господи", — кажется, это все, о чем я могла думать, потрясенная.

Шаг за шагом, в течение долгих лет, когда я пыталась постичь тайну страдания (которую постичь невозможно), я начала понимать, что все происходящее — это дар. Даже мое вдовство. Я говорю, что обрела мир. Я не говорю, что не была одинока. Мне было ужасно. Я не говорю, что не горевала. Горевала, еще как. Но покой, которого этот мир дать не способен, приходит не через избавление от страданий, а по-другому — через принятие» [18].

Вы, наверное, догадались, что фамилия Элизабет — Эллиот, и ее первый муж, Джим, погиб, желая достичь индейцев Аука [19]. Из ее слов видно, что она жила перспективой вечности. Это была женщина, испытавшая глубокое одиночество, и женщина, которую Бог удивительным образом использовал, потому что она полностью принадлежала Ему.

К настоящему времени в своей жизни я сыграла пять ролей матери. Я была биологической матерью, приемной

---

[18] Elisabeth Elliot, *The Path of Loneliness* (Nashville: Thomas Nelson, 1988), 33–39.

[19] См. Justin Taylor, "They Were No Fools: The Martyrdom of Jim Elliot and Four Other Missionaries," The Gospel Coalition, January 8, 2016, thegospelcoalition.org/blogs/justin-taylor/they-were-no-fools-60-years-ago-today-the-martyrdom-of-jim-elliot-and-four-other-missionaries/.

матерью, духовной матерью, крестной матерью и мамой матери. Если Богу будет угодно, то может быть мне выпадет честь стать прабабушкой!

А какие роли исполняете вы? Вы одиноки, разведены, замужем или овдовели? Обычная мать, приемная мать или духовная мать? Довольны ли вы ролями, которые дал вам Бог? Верите ли вы, что Бог — это благословенный Владыка ваших нынешних ролей, и что Он дал вам лучшее?

Если мы верим, что Божий удел для нас — это лучшая доля, то мы можем принимать сокровенные решения, которые сделают наше сердце довольным. Если же мы не принимаем свой удел от Бога, то будем вечно недовольными женщинами.

Все роли трудны

Легких ролей не бывает. Положим, ваш муж не тот человек, о котором вы думали или о ком мечтали. Положим, сексуальные отношения у вас не такие, как ожидалось. Очень сложно день за днем, год за годом любить одного и того же человека, находя в нем только лучшее. Очень сложно сохранять брак интересным, общение открытым, секс не скучным. Да, это трудно, но оно того стоит! Недавно мы с Джоди отпраздновали пятьдесят шестую годовщину нашей свадьбы, и с каждым годом наше единение и любовь крепчают. Такая близость не приходит просто так, она выковывается в реальной жизни — день за днем, год за годом. Я ни на что не променяю то, что у нас есть сейчас. Поверьте мне, оно стоит всех жертв.

Хотя я никогда не была вдовой и не жила одна, мои незамужние подруги рассказывают мне, что одиночество — это их самая большая проблема. Элизабет Эллиот писала, что «в некотором роде все неженатые и незамужние выделяются в обществе, равно как и человек, потерявший ногу. Бог задумал, чтобы у человека было две ноги. Мы не замечаем, когда они на месте, но, когда одна отсутствует, это заметно». Она пишет, что, когда была вдовой, ей никогда не нравилось быть пятым колесом в телеге. «Я нарушала баланс своим присутствием, но с этой реальностью мне приходилось смиряться»[20].

Все роли открывают возможности

Давайте немного поразмышляем. Зачем Иисус пришел в этот мир? Возможно, вы назовете несколько причин. Иисус привел основную причину, сказав, что «не для того пришел, чтобы Ему служили, но чтобы послужить и отдать душу Свою для искупления многих» (Матф. 20:28).

Он хочет, чтобы мы с вами входили в свой мир с такой же целью. Иисус смирил Себя и принял роль слуги. Он использовал предназначенную Ему роль, чтобы служить находящимся рядом с Ним, а потом отдать ради них и саму жизнь. Не думаю, что многие из нас думали об этом раньше; если бы думали, то, уверена, наше отношение бы поменялось.

В своей книге «Созидание брака» доктор Ларри Крабб говорит, что жена будет либо служить своему мужу, либо манипулировать им для достижения своих целей[21]. А что выбрали вы: служить или манипулировать?

Незамужние женщины тоже могут служить другим — для того, чтобы выбрать служение людям, не нужно выходить замуж.

---

[20] Elliot, *Loneliness*, 40–41.
[21] Larry Crabb, *The Marriage Builder: A Blueprint for Couples and Counselors* (Grand Rapids, MI: Zondervan, 1982), 50.

Матери могут сделать выбор воспитывать своих детей и дорожить временем, которое проводят с ними, вместо того чтобы ждать, когда дети покинут дом.

Всем женщинам, независимо от роли, Бог предназначил «давать жизнь». Женщины, не имеющие своих детей, могут просить у Бога о чести стать духовной матерью, крестной матерью или приемной матерью.

Если мы хотим быть довольными, то нужно принять свою долю, предназначенную Богом роль. Мы должны принять решение и сосредоточиться на позитивных аспектах своей роли в жизни. В противном случае мы будем недовольными, всегда желающими чего-то отличного от того, что нам уже дано.

Могло быть намного хуже

Лора, Шерил и Терри — каждая принимала свое решение. Давайте прочитаем, как каждая справилась со своей проблемой.

Дорогие Терри и Шерил!

Я знаю, что жалуюсь, но жизнь кажется такой беспросветной. Один визит к врачу — и все мои планы улетучились как дым. Я слишком стара, чтобы родить ребенка! Разве Бог этого не знает? Я уже отдала свое время родительским собраниям и сидению на стадионе под дождем. Это не должно было случиться! Больше не могу писать. Я слишком подавлена.

С любовью, Лора.

Дорогая Лора!

Как ты можешь роптать? Все, о чем я только мечтала — это семья и свой дом на зеленой улице. Карьера — это еще не все. Как ты думаешь, кого посылают, если нужно по работе уехать из города на выходные? Конечно же, меня. Все сетуют и ворчат, но никто не хочет пропускать футбольный матч своего ребенка. Когда я уезжаю на выходные, как ты думаешь, кого-то это волнует?

С любовью, Терри.

Дорогие Терри и Лора!
Бог велит мне «быть довольной вовсем». Ага, сейчас! Дети орут, в доме бардак, в холодильнике нет молока, а я все еще не сменила вчерашнее нижнее белье, потому что за последние 18 часов у меня не было и двух свободных минут! Не так я себе представляла роль жены и матери.

Помогите! Шерил.

Дорогие Терри и Шерил!
Мне будет 55, когда этот ребенок закончит школу, так что можно будет пользоваться скидками для пожилых в Бургер Кинге! Знаете, может это не такая уж катастрофа. В конце концов, если не будешь раздавлена стрессом, то дети помогут остаться молодой! Может, еще есть надежда!

С любовью, Лора.

Дорогая Лора и Шерил!
В своем последнем письме я сетовала на свою жизнь. Но на самом деле, в целом, мне моя жизнь нравится. Я объездила весь мир за счет компании, и я люблю свою работу. Я использую свое образование и данные Богом способности. Всем ог ло быть намного хуже.

С любовью, Терри.

Дорогие Терри и Лора!

Всвоемпоследнемписьмеятожемногожаловалась.Адам, Келли и Линн меня выматывают — это правда! Но, откровенноговоря,бытьматерью—этомое.Когдавечеромна цыпочкахязахожувихкомнатыи,вглядываясьвихмаленькиеличики,думаю:«Ухты!Чудо-токакое,ияздесьвсамом эпицентре» — это нечто.

С любовью, Шерил.

Лора,ТеррииШерилнаконецрешиливидетьпозитивные аспектысвоейроли.Такойжевыборнужносделатьинам с вами.

О чем просит Бог?

КакойстандартоценкииспользуетБогвотношениинаших ролей?Успешность?Совершенство?ВЕгоСловесказано: «Отдомостроителейжетребуется,чтобыкаждыйоказался верным» (1 Кор. 4:2).

Божий стандарт — это верность! От Своих слуг Он не требует успеха или совершенства — только верности. Нам оказано доверие. Нам вверено многое: наши природные таланты, наши духовные дары, наши финансы. Отведенная нам роль — это тоже оказанное доверие. Любящий Отец наделил нас дарами: безбрачия или брака, или вдовства. Полновластный Господь сказал, что именно в этой роли мы сможем лучше всего Его прославить.

Поверите ли вы Ему, что назначенная вам чаша дана Его любящей рукой? Будете ли вы использовать свою роль для служения другим людям?

Предлагаю вам помолиться так:

Святой Отче, Тебе известны радости и скорби моей роли в жизни. Я признаю, что сопротивлялась тому, что Ты мне дал. Даруй мне решимости стать слугой. Господи, я очень хочу быть Тебе верной. Я принимаю назначенную мне роль как дар. Помоги мне «остановиться и познать, что Ты Бог» [22].

---

[22] *Пс. 45:11, пересказ Л. Д.*

ГЛАВА 5

Довольна
во взаимоотношениях

История Алины и Линды

Я отлично помню день, когда познакомилась с Алиной. Как можно забыть самый необычный эпизод в своем служении?! Я думала тогда: «Это какая-то шутка! Ведь эти милые женщины не могут ничего усвоить. Я даже не знаю, что сама говорю!»

Мне такое даже в голову не могло прийти. В маленькой комнатке в горах Польши нельзя было развернуться из-за двенадцати женщин и, поменьше мере, двенадцати малышей. Даже Алина покачивала на коленке своего трехлетнего сына, когда переводила мои слова с английского на польский. Где-то в середине лекции я вспомнила, что у меня сумочке есть жевательная резинка и карандаши. Проходя по комнате во время своей речи, я раздала жевательную резинку, собрала малышей и усадила их за стол с карандашами и бумагой. Сцена была комичная! К моему изумлению, Алина считала, что занятие прошло чудесно.

Позднее в тот же день она позвала меня к себе домой. Она усадила меня на стул в своей кухне и наклонилась так, чтобы смотреть мне прямо в глаза. «Линда, научи меня, как служить женщинам», — умоляла она.

Столько лет прошло с тех пор, а я продолжаю радоваться, видя, как Бог действует через таких как Алина. Тысячи женщин прошли обучение, нашли ободрение и совет в словах Алины, через ее книги и статьи в христианском журнале. А самое лучшее — это то, что теперь она моя любимая подруга! Мы живем далеко друг от друга, но сохранили радость отношений, в которых «железо железо острит» (Прит. 27:17). Поистине, наши отношения с Алиной — это дар от Бога. Все человеческие отношения таковы или должны таковыми быть. Когда Алина неожиданно умерла в 2018 году, я сразу подумала: «Мы продолжим нашу большую дружбу, когда я присоединюсь к ней на небесах».

Потрясенная, я положила трубку. Я думала, что у нас с Яной хорошие отношения, но ее гневный звонок доказал обратное. Как она могла такое сказать? Если я что-то не так сделала, почему она не пришла ко мне и не поговорила об этом? Я заботилась о Яне и ее маленьких детях. Я думала, что показала ей свою любовь и заботу. Ее резкие слова ранили мое сердце. Она обвинила меня в эгоизме.

Я старалась уснуть, но ее беспощадные слова продолжали звучать в уме, как аудио запись, поставленная на автоматическое воспроизведение. В памяти снова и снова всплывали ее обвинения. Я пыталась молиться, думать о другом, но слова Яны не умолкали. Мне хотелось закричать: «Убирайтесь! Не хочу вас больше слышать!» Наконец, я уснула.

Но, проснувшись через несколько часов, обнаружила, что эта запись продолжает играть.

Я знала, что должна простить Яну, но чувствовала, что она не заслуживает моего прощения. Все время я думала, как несправедливы ее слова. Я молилась, плакала, срывалась на своего мужа и даже на нашего пса Барни. Я знала, что Бог огорчен моим нежеланием простить, но была не в силах забыть ее слов, которые занозой засели в моем сердце. Предательство ранит.

Я опросила двадцать пять женщин, случалось ли им переживать боль от человека, о котором они с любовью заботились. Хотите верьте, хотите нет, но боль и обиду такого рода испытала каждая из них! Затем я спросила, случалось ли им нечаянно или намеренно кого-нибудь обидеть. Снова все ответили утвердительно.

Так и есть. Недовольство очень часто возникает, когда мы общаемся или взаимодействуем друг с другом. Подумайте о своих взаимоотношениях. Можно ли сказать, что вы на 100% в мире с мужем? Детьми? Соседками по комнате? Коллегами? Семьей? Друзьями?

Писание повелевает нам любить друг друга, поддерживать и ободрять друг друга. Когда мы повинуемся этим заповедям, отношения приносят в жизнь радость и красоту. Нет ничего прекраснее любви мужа, любви друга. И ничто так не ранит, как предательство этой любви. Соглашусь со своей бывшей соседкой, которая сказала: «Я могла бы быть довольной, если бы просто перестала общаться с людьми!»

Проблемы во взаимоотношениях

Вот несколько конфликтов, о которых я слышала за последние месяцы.

Проблема Джулии: ее муж
«После такого нельзя не прийти в ярость. Кровь из носа могла замарать кожаные кресла в машине Марка. Я дотянулась до бардачка, чтобы взять салфетки, и случайно уронила его планшет. Сидя там с затычками в носу, я включила планшет и обомлела из-за того, что увидела на открытой в браузере веб-странице. "Нет, Боже, только не мой муж! Нет, пожалуйста, нет! Только не Марк, только не порно!" Мне стало тошно.

Теперь у меня кровоточил не нос, а сердце. Как он мог? Я ощущала себя испачканной, оскверненной, замаранной».

Проблема Мишель: сотрудники
«Боль. Страдание. Отверженность. Унижение. Я подыскивала слово, чтобы выразить свои чувства, но его не находилось, чтобы передать мое отчаяние, когда мне запретили преподавать женщинам. Обиднее всего, что никто не смог мне объяснить, почему.

Как могли христианки так поступить с сестрой? Я целиком отдалась служению женщинам в нашей библейской группе. Бог употреблял меня в их жизни. Как же это нечестно!»

Проблема Сэнди: ее соседка по дому
«Как могла моя лучшая подруга увести у меня парня? Мы с Даной пять лет вместе снимали дом. Я думала, что мы обе никогда не выйдем замуж. Но Бог привел в мою жизнь Джеймса. Я была уверена, что именно его я так долго ждала, и наши отношения закончатся браком. Значит, Дана сознательно старалась его у меня увести? Понимает ли она, какую боль мне причиняет? Я больше не могу жить с ней под одной крышей. Я потеряла не только жениха, но и лучшую подругу».

Проблема Сары: ее друзья

Сара тоже чувствует, что ее предали. Давайте заглянем в ее дневник:

«О, Боже! Я боюсь. Я вся дрожу. Я очень боюсь умереть на операции. Я хочу влюбиться, выйти замуж, иметь детей. Боже, я хочу стать бабушкой! Я не хочу умирать в 30 лет. Сердце стучит так, что я его слышу. Руки липкие от пота. Горло пересохло. Где ты, Бог? Мне так одиноко. Почему я должна проводить ночь перед операцией одна в этой стерильной комнате? Вот если бы мама не заболела и смогла быть здесь…

Где же Джоан и Сью? Они обещали навестить меня вечером — они знают, как я боюсь этой операции. Я думала, что они понимают… Они обещали. Где же они?»

Как чувствовали себя эти женщины? Преданными. Я прошла через это. Вы прошли через это. И наш Господь Иисус.

Пример Иисуса

Всю боль, ужас и предательство, пережитые когда-либо вами, ощущал и Господь Иисус в Гефсимании. Придя в сад тем вечером помолиться, Иисус знал, что скоро будет предан и умрет мучительной смертью на кресте. Он открылся Своим друзьям, рассказав им, что сердце Его разрывается от печали. Он попросил их облегчить Его печаль, оставшись с Ним, и они согласились. Иисус недалеко от них отошел и молился: «Отче Мой! если не может чаша сия миновать Меня, чтобы Мне не пить ее, да будет воля Твоя» (Матф. 26:42). Через час Он вернулся к Своим ученикам, нуждаясь в ободрении, но нашел их спящими. Как эти трое выносливых рыбака, проводивших ночи напролет в тяжелом труде на Галилейском море, так ослабели, что не смогли один час бодрствовать с Ним?

Нам удобно думать, что Он был Богом во плоти; Он не страдал от боли и предательства, как мы. Но в Писании сказано, что Иисус страдал. Он начал печалиться и тосковать. Прежде чем оставить Своих друзей и удалиться для молитвы, Иисус сказал им: «душа Моя скорбит смертельно; побудьте здесь и бодрствуйте со Мною» (Матф. 26:38). Он нуждался в Своих друзьях; Он попросил их поддержать Его в страдании. А они Его подвели. Хуже всего, что это случилось еще дважды! Одно дело разочароваться один раз, но представьте, как бы вы себя чувствовали, если бы ваши друзья продолжали вас подводить?

Вы знаете, как бывает больно, когда подводят друзья. А, может быть, вы сами ранили и предали другого человека. Как один из тех друзей, которые уснули, пообещав бодрствовать и молиться. Вы были «Петром», отставив в беде подругу, которая в вас нуждалась. Стена, выросшая между вами, — это ваша вина, или, быть может, она обоюдная. Вы находитесь в конфронтации, и нет лекарства эту боль унять.

Любящий человек становится уязвимым. Мы расстраиваемся и теряем мир по большей части из-за наших ожиданий от взаимоотношений. Иисус попросил Своих друзей разделить Его печаль, а они Его оставили. Что же Он сделал в ответ? «Встаньте, пойдем» (Матф. 26:46).

Я бы крикнула: «Ну хватит! Если вы не можете бодрствовать и молиться со мной, пока я истекаю кровавым потом, если вы не можете разделить мою боль после всего, что Я для вас сделал, если вы не можете забыть о себе хотя бы этой ночью, тогда все! Я дойду дальше без вас. Вас не было рядом, когда Я в вас нуждался. Всего хорошего!»

А вы отметили, что Иисус сказал: «Пойдем». Он имел в виду «мы». Даже после того, как они Его подвели, Иисус не порвал со Своими друзьями.

Он простил их даже после того, что они неоднократно причиняли Ему боль. Он говорит нам делать то же самое:

> *Ибо вы к тому призваны, потому что и Христос пострадал за нас, оставив нам пример, дабы мы шли по следам Его (1 Пет. 2:21).*

Когда я вспоминаю реакцию Иисуса на предательство, мне становится стыдно. Я тоже должна быть готова забывать недостатки людей, как Иисус. Если я буду требовать только совершенства, то останусь ни с чем. Я должна стремиться к прощению! И если вы ищете довольства, тогда стремитесь к тому же. Без этого наши тревожные сердца никогда не успокоятся.

Альтернативы прощению нет

Я никогда не забуду свое первое посещение Освенцима, немецкого концентрационного лагеря на территории Польши. Никто из нашей группы не мог говорить. Моя дочь выглядела так, будто сейчас упадет в обморок, и мне было не лучше. В Освенциме есть две стеклянные витрины, заполненные детской обувью, человеческими волосами и иочками, оставшимися от тысяч убитых людей. Стены увешаны огромными черно-белыми фотографиями Второй мировой войны, на многих из которых запечатлены зверства, происходившие в лагере: печи, душегубки и массовые захоронения.

Мы обошли жилые помещения, в которых узники спали прямо на деревянных многоярусных нарах. Тогда эти неудобные спальные бараки кишели вшами, блохами и другими паразитами. Вместо туалета узники использовали ведра. Хотя в Польше температура зимой опускается ниже нуля, в зданиях не было отопления. Неудивительно, что выжили там немногие.

Возможно, мы никогда не окажемся в заточении стен и решеток, и, конечно же, не испытаем ужаса концлагеря, но каждая из нас может испытать искушение заточить себя в собственной тюрьме — в тюрьме огорчения. В своей книге «Как стать сильнее в жизненных невзгодах» Чарльз Свиндолл красноречиво выразил, что происходит, когда мы попадаем в плен огорчения:

> *Горечь просачивается в подвал нашей жизни как помои из треснувшей сточной трубы. На поверхности этих мутных вод начинают плавать уродства разных форм: предрассудки и сквернословие, ненависть и подозрительность, жестокость и цинизм.*
>
> *...Нет муки страшнее, чем внутренние муки горечи, которая есть побочный продукт духа непрощения. Она не успокаивается. Она не принимает исцеления. Она отказывается забыть. Нет тюрьмы губительнее, чем решетки горечи, которые не дают борьбе закончиться [23].*

Горечь пагубна, но многие из нас у нее в плену. Единственный выход из этой темницы — прощение.

Но как простить Яну, которая так глубоко меня ранила? Как может Мишель простить сестер из церкви? Как может

---

[23] Charles R. Swindoll, *Growing Strong in the Seasons of Life* (Grand Rapids, MI: Zondervan, 2007), 192.

Сэнди простить свою соседку? Как может Сара простить своих друзей? А Джулия? Как женщине простить мужа, который тайно смотрит порнографию?

Для христиан прощение — это не вопрос выбора. Иисус повелел нам прощать; Он показал нам пример прощения. Нежелание прощать не только ранит нашего Спасителя, оно разрушает нас. Недостаток прощения позволяет горечи пустить корни в нашем сердце. В 1 Петра 2:21 сказано: «Ибо вы к тому призваны, потому что и Христос пострадал за нас, оставив нам пример, дабы мы шли по следам Его».

«В Новом Завете каждое упоминание горечи происходит от одного и того же греческого корня pic, который означает "резать, колоть"» [24]. Петр «горько заплакал», когда отрекся Господа (Лук. 22:62). Он предал Иисуса и его душа терзалась, его «колола» совесть из-за этого [25].

Сколько раз прощать?

Тот же самый вопрос Петр задал Иисусу:

> 99 *Господи! сколько раз прощать брату моему, согрешающему против меня? До семи ли раз? (Матф. 18:21).*

Раввины учили прощать до трех раз, и Петр, скорее всего, считал себя исключительно добродетельным, предположив семь. Ответ Иисуса, должно быть, отрезвил Петра: «не говорю тебе: до семи раз, но до семижды семидесяти раз» (стих 22). Иисус не имел в виду 490, как магическое число

---

[24] Swindoll, *Growing Strong,* 192.
[25] Swindoll, *Growing Strong,* 192.

прощений. Он сказал: «Продолжайте прощать; прощайте столько раз, сколько потребуется».

Затем Господь подкрепил Свой ответ притчей о прощении:

Царство Небесное можно сравнить с царем, который решил проверить все свои счета. Во время сверки к нему привели должника, на котором было 10 миллиардов долларов долга! У него нечем было заплатить, поэтому царь приказал продать за долги его, его жену, его детей и все, что у того было.

Но человек тот упал лицом в землю в ноги царю и сказал: «О, господин, потерпи еще меня, и я все выплачу».

Тогда царь проникся жалостью к этому человеку и отпустил его, простив долг.

Когда же человек тот вышел от царя, он отправился к своему должнику, который был должен ему 2000 долларов и, схватив его за горло, потребовал немедленной выплаты.

Должник его упал перед ним и просил дать ему немного времени. «Потерпи, и я заплачу тебе», — просил он.

Однако тот ждать не захотел. Он повелел арестовать своего должника и держать в тюрьме, пока тот не выплатит долг сполна.

Тогда друзья этого человека пошли к царю и рассказали ему, что случилось. И царь призвал к себе этого человека, которому он все простил, и сказал: «Ах ты, злодей! Я простил весь твой огромный долг просто потому, что ты попросил меня об этом — разве не должно было оказать милость другим так же, как и я помиловал тебя?»

Затем разгневанный царь послал того человека в пыточную камеру, пока он не отдаст всего долга до последнего цента. Так и Мой небесный Отец поступит с вами, если вы откажетесь искренне прощать своих братьев (Пересказ Матфея 18:23–35).

Это очень серьезно. Вы слышали, что сказал Иисус? Другими словами, если я не хочу прощать Яну, своего мужа, своих детей, свою коллегу или свою подругу, меня отправляют в камеру пыток — страшных внутренних мучений. Горечь будет буквально пожирать меня заживо. Я окажусь в своем собственном концлагере. Чарльз Свиндол так описал последствия от нежелания прощать:

> Христианина ждет заточение и невыразимые мучения до тех пор, пока он полностью и безоговорочно не простит других людей… даже если они не правы [26].

Осознаете ли вы глубину Божьего прощения? Он простил вам долг в 10 миллиардов долларов. Мне тоже простил. Разве Он много го просит, желая, чтобы я простила Яне долг в две тысячи? Чтобы Джулия простила мужа; Мишель — сестер в церкви; Сара — своих друзей; Сэнди — соседку? Чтобы вы простили?

Прощение — это ключ, отмыкающий двери неприязни и наручники ненависти. Прощение разрывает цепи горечи и оковы эгоизма. Умирая на кресте, Иисус промолвил: «Прости их» — римских солдат, религиозных лидеров, учеников, разбежавшихся в темноте, даже тебя и меня, которые столько раз Его отвергали: «Прости им, ибо не ведают, что творят» [27].

Писатель Филипп Янси назвал прощение «противоестественным актом» [28]. Он прав: это действительно противоестественно. Однако прощение — это не чувство, а сокровенный

---

26 Swindoll, *Growing Strong,* 193.
27 Philip Yancey, "An Unnatural Act," Christianity Today, April 8, 1991, 39.
28 Yancey, "An Unnatural Act," 36.

выбор сердца. Бог использовал мой конфликт с Яной, чтобы открыть мне эту истину.

Я должна выбрать прощение

История Клары Бартон, основательницы американского Красного Креста, помогла мне понять, как простить Яне ее долг. «Однажды Кларе напомнили, что несколько лет тому назад сней подло обошлись. К великому удивлению подруги, она вела себя так, будто впервые об этом услышала. "Ты что, не помнишь?" — спросила ее подруга. "Нет", — ответила Клара, "Я отчетливо помню, что забыла об этом"» [29]. Она сделала сознательный выбор простить подлость, сознательный выбор продолжать прощать, когда об этом напоминают. Своим ответом: «Я отчетливо помню, что забыла об этом», Клара Бартон сказала: «Я помню, что решила простить, и по-прежнему придерживаюсь этого решения».

Яна написала мне и попросила прощения. После двух дней внутренней борьбы я обратилась к Богу и сказала, что хочу, как Клара Бартон, поднять «знамя прощения». «Боже, я решила простить Яну за боль, которую она мне причинила. Я не чувствую, что обида прошла, но сознательно решаю ее простить». Потом я отправилась к Яне и сказала: «Я тебя прощаю». Чувствовала ли я, что прощаю? Нет. Но я ощутила Божий мир, когда поступила правильно.

Я нахожу, что должна продолжать выбирать прощение.

Через несколько месяцев после того, как я простила Яну, обнаружилось, что о нашем конфликте знали несколько человек. Я-то думала, что это между нами. Еще один нож в сердце.

И я снова обратилась к Богу: «Господи, я решила простить Яну за то, что знала. Теперь я вижу еще больший вред от ее действий. Я принимаю решение простить ее и за это».

Часто эхо конфликта отдается в сердце неделями, месяцами и даже годами. Тут и один раз простить сложно, а как продолжать прощать, когда боль возвращается? Но именно этого хочет от нас Иисус Христос. На самом же деле Он ждет от нас большего.

Больше, чем прощение

Я решила простить Яну и продолжать ее прощать. Конечно же, Бог знал, чего мне стоило это решение. Я считала, что проблема решена, и, наверное, даже гордилась собой, что поступила так благочестиво. Я уже была готова похлопать себя по плечу и сказать: «Молодец Линда, миссия выполнена!». Но Бог хотел, чтобы я сделала еще один шаг. Он обратился к моему сердцу: «Линда, простить — мало».

Мне хотелось сказать: «Боже, я и так сделала достаточно!». Но потом прочитала в Послании к Римлянам:

> *Любовь [да будет] непритворна; отвращайтесь зла, прилепляйтесь к добру; будьте братолюбивы друг к другу с нежностью; в почтительности друг друга предупреждайте… Благословляйте гонителей ваших; благословляйте, а не проклинайте... Если возможно с вашей стороны, будьте в мире со всеми людьми (Рим. 12:9–10, 14, 18).*

В этих стихах не говорится, что я должна ощущать любовь, но что я должна принять решение любить и принять решение почитать. Благословлять — это волевое решение. Я перефразировала эти стихи для себя так: «Линда, не ограничивайся словами, что любишь Яну, пусть твои дела покажут, что ты любишь ее. Окажи Яне сестринскую любовь; почитай Яну выше себя. Благословляй Яну, а не проклинай ее. Будь единомысленной с ней. Если возможно с твоей стороны, будь в мире с Яной».

Как могла я любить, почитать и благословлять, когда мне этого не хотелось? В молитве мне на ум пришли две идеи:

1. Молиться за Яну, чтобы Бог благословил ее.
2. Стремиться проявлять дела любви, дела милосердия.

Когда я молилась за Яну и спрашивала: «Какое добро я могу ей сделать?», Бог показал мне интересные способы, как проявить любовь. Когда Яна унывала в своем служении, я написала ей ободряющее письмо. Когда к ней приехала мать, я пригласила Яну с матерью на обед. Чувствовала ли я, что люблю? Нет. Хотелось ли мне благословлять? Нет. Но Бог побуждал меня идти дальше прощения. Чтобы акт прощения превратился в действие прощения. Чтобы я приняла сокровенное волевое решение в сердце. Мое решение никак не было связано с моими чувствами.

Идти дальше прощения иногда труднее, чем простить. Мы думаем: «Прощу, потому что Бог сказал мне, что так надо. Только теперь я буду держаться от нее подальше!» Я люблю сцену, когда Иисус проявляет любовь, обращаясь лично к Петру после того, как тот отрекся от Него, причем не один раз, а трижды. Когда женщины увидели пустой гроб, ангел сказал им: «Он воскрес… Но идите, скажите ученикам Его и Петру, что Он предваряет вас в Галилее; там Его увидите, как Он сказал вам» (Мк. 16:6–7).

Почему написано «...и Петру»? Петр был одним из учеников; он и так входил в число учеников. Возможно, Иисус знал, в каком отчаянии пребывал Петр. После того, как Петр поклялся, что никогда не был с Иисусом, он нуждался в удостоверении, что остается одним из друзей Господа. Фраза «и Петру» — это проявление любви.

Является ли Бог благословенным Владыкой наших взаимоотношений? Конечно! Он допустил боль в моей жизни через Яну. Он допустил страдания Джулии, Сэнди, Мишель и Сары. Он допускает ваши страдания. Взаимозависимые отношения в семье и в Теле Христовом — это один из Его основных инструментов для нашего «возрастания». Бог использовал предательство подруги, чтобы научить меня «возрастать» и больше уподобляться Ему.

Я писала в то время:

Я испытала еще большее духовное облегчение, доверившись Богу в том, что Он допускает мне проходить через всякие унижения — принимая их от Него. Если Он думает, что так лучше, тогда я принимаю. Принятие дает свободу. Слово Божье каждый день давало мне радость. Не проходило ни дня, чтобы я не получала из него ободрения, вдохновения, утешения или обличения. Я смирялась перед Богом. Я думала, что умею обуздывать свой язык. Но мне еще многому предстоит научиться. Я бы снова прошла этим путем, чтобы научиться тому, чему научилась.

Решения во взаимоотношениях

Какие сокровенные решения принимаете вы в своих отношениях?

Вот мои:
- Какой я решаю быть: верной Богу.
- Что я обязуюсь делать: прощать и идти дальше прощения.
- Что я обязуюсь говорить: слова благословения и любви.

Мы не можем управлять другими людьми: мужем, детьми, друзьями, соседями, коллегами, родственниками. Мы не можем принимать решения за других — только за себя. Мы можем доверять Богу и отвечать за себя. Мы можем выполнять свои обязательства и сохранять мир в отношениях с людьми, насколько это в наших силах — и это приносит довольство.

Катрин, моя дорогая подруга, получила письмо от дочери, которая ушла из дома. Письмо содержало семейные новости, но между строчками читалось: «Пожалуйста, прими меня, пожалуйста, люби меня, пожалуйста, прости меня».

Дочь причинила ей такую боль, что Катрин с трудом читала это письмо. Она любила Христа, но горечь лишила ее сил общаться с дочерью. Она не знала, что сказать и как это сказать. Поэтому ничего не написала.

Прошло два года. Наконец Катрин попросила близкую подругу помочь ей написать ответ на письмо дочери. Надписав адрес, приклеив марку и помолившись, они его отправили. Письмо дошло через день после смерти Катрин... По милости Божьей, Катрин успела передать дочери свое прощение и любовь, но не всем дана такая возможность. Жизнь проходит быстро. Через Катрин Бог побудил меня не ждать, а прощать сразу.

Дорогие друзья, не позволяйте ничему — ни гордости, ни гневу, ни незнанию как реагировать или что сказать — стоять на пути прощения!

ГЛАВА 6

Неверно настроенный фокус

История миссис Вонг

Миссис Вонг поклонилась. Я поклонилась. Она еще поклонилась. «Сколько поклонов будет достаточно?» — думала я, когда опять с улыбкой поклонилась пониже, в надежде, что глубокий поклон завершит этот ритуал.

Мне выпала честь познакомиться с китайскими христианами во время визита в Китай. Как единственную женщину в группе, меня признали идеальным вариантом для встречи с миссис Вонг. Встреча состоялась в гостиничном номере. Чтобы создать для миссис Вонг комфортную обстановку, я приобрела на улице разной выпечки. Скромная, одетая в традиционную китайскую одежду, миссис Вонг присела на краешек стула. Я предложила печенье один раз, затем второй и третий. Моя переводчица была права — получилось только на третий раз! Миссис Вонг взяла печенье. Любезности окончились, мы приступили к интервью.

— Миссис Вонг, когда вы стали христианкой?
— Шесть лет назад.

— Будьте любезны, расскажите о своем служении.

— Каждую неделю я проезжаю на велосипеде 15 километров. Я посещаю шесть деревень, по одной в день. По воскресеньям я остаюсь дома.

— Кому вы преподаете?

— Мужчинам и женщинам, собирается от пятисот до шестисот человек.

— Как эти люди стали христианами?

— Я рассказала им об Иисусе.

— Миссис Вонг, вы хотите сказать, что за последние шесть лет, как вы стали христианкой, вы привели ко Христу шестьсот человек?

— Да.

Ее «да» было сказано просто, обыденно, как будто приводить ко Христу по сто человек в год — это нормальная повседневная практика, которая доступна каждому.

«Дорогой Господь», — молилась я, — «благодарю Тебя за то, что оказал мне честь познакомиться с этой целеустремленной женщиной. Возгрей в моем сердце такую же убежденность, которую я увидела в ней».

Миссис Вонг знала, почему она здесь. Она знала, чего Бог от нее ждет в этой жизни. Она шла своим путем к цели.

В нос ударил едкий запах. Как же не похожа эта часть Шанхая на туристические районы! На целый многоквартирный дом была всего одна уборная. Зловоние атаковало меня, едва я повернула за угол, и я ускорила шаг, чтобы поскорее его миновать. Очевидно, что рабочие со своими бочками не опорожняли уборные в этой части города уже несколько дней.

Я миновала группу пожилых мужчин, которые играли в маджонг под тенистым деревом. Несколько из них уставились на меня, и я поправила свои темные очки, чтобы скрыть мои круглые, выдающие меня за иностранку, голубые глаза. С чего я взяла, что очки помогут мне слиться с толпой? Потребовалось бы еще перекрасить светлые волосы в черный, укоротить росту на 15–20 сантиметров и непременно сделать что-то с кожей и глазами. В Китае у всех смуглая кожа и темные глаза.

Я шла в гости к Мей Линг и ее десятилетней дочери Тинг Тинг. Мей Линг была храброй женщиной, которая более всего в жизни стремилась познавать Христа и рассказывать о Нем людям. Каждый день, рискуя жизнью, она разносила христианскую литературу подпольным домашним церквам в Шанхае. Когда мы вошли в ее однокомнатную квартиру, я сняла свои темные очки и облегченно вздохнула. Благодарю, Отец, за Твою защиту. Никто меня не остановил и не спросил, что я делаю именно в этом районе Шанхая. Маленькая Тинг Тинг с любопытством меня разглядывала. Обернувшись к переводчице, она сказала, что у меня глаза, как у кошки. Для нее я тоже была пришельцем с другой планеты, поэтому она сразу побежала за своей подружкой, чтобы и она посмотрела на эту странную женщину со светлыми глазами.

Неверно настроенный фокус

В начальной школе я носила очки с толстыми стеклами, за что меня дразнили очкариком. Мой фокус был неправильным, и перед глазами все расплывалось из-за сильной миопии или близорукости. Несколько лет назад я сделала операцию на глаза и обрела новое зрение. Теперь я вижу стрелки настенных часов и, лежа в ванной, вижу пальцы своих ног. Какое чудо! Мой фокус был исправлен, и теперь я вижу четко.

Вокруг очень много близоруких женщин, причем проблема не в глазах, а в жизненном фокусе. Они не знают, зачем живут и куда идут. Как корабль без руля они плывут по течению жизни. Доктор Свенсон, автор «Margin», говорит, что бесцельная жизнь — это распространенное явление: «Американцы удивительно близоруки. Мы живем в состоянии миопической мании, с трудом различая будущее. Наш горизонт застилает песчаная буря. Однако нам нужно такое зрение, которое способно видеть дальше завтрашнего дня, потому что жизнь от выходных к выходным — это бестолковая жизнь» [30].

Частенько женщины не просто бесцельно проводят жизнь, а живут в ожидании — хорошей работы, хорошего мужа, ребенка. В ожидании, пока ребенок вырастет и покинет дом — в ожидании, когда что-нибудь наполнит их жизнь смыслом. Их неверный фокус делает довольство недостижимой мечтой.

Психолог Уильям Марстон опросил три тысячи респондентов, задавая такой вопрос: «Для чего вы живете?» Он был потрясен, обнаружив, что 94% опрошенных просто пережидали настоящее в ожидании будущего [31]. Поскольку мне хочется быть женщиной целеустремленной, я часто себя спрашиваю: «Линда, не ведешь ли ты близорукую жизнь? Не находишься ли ты в режиме ожидания?»

---

[30] Richard A. Swenson, *Margin: Restoring Emotional, Physical, Financial, and Time Reserves to Overloaded Lives* (Colorado Springs, CO: NavPress, 1992), 157.
[31] Message by Phyllis Stanley, "Living Purposely," Colorado Springs, CO, 1997.

Недавно я прочитала стихи, написанные четырнадцатилетним мальчиком (да, четырнадцатилетним!), которые заставили меня переосмыслить мой фокус:

Пришла весна, но мне хотелось лета; и жарких дней, и широты просторов.

Настало лето, но осени желал я; чудесных ярких красок и прохлады.

Вот и осень, но в зиму захотел я; побольше снега и праздников веселье.

Зима в права вступила, и тут мне захотелось тепла весны, цветения природы.

Я был ребенком, а мне хотелось взрослым быть, чтобы иметь свободу и уваженье.

А в двадцать лет мне захотелось, чтоб было тридцать; тогда я был бы опытным и мудрым.

Достиг я средних лет, но мне хотелось быть 20-летним; вспомнить юность и задор свободы.

Ушел на пенсию, и сильно захотелось мне вернуть мой средний возраст; чтобы болезни не омрачали мудрость.

Вот жизнь прошла, но так и не увидел я того, о чем так грезил [32].

Постройте свой курс

Представьте на мгновение, что вы летите на экзотический остров. Примерно через час после вылета пилот объявляет по внутренней связи: «У меня есть хорошая новость и плохая. Плохая новость в том, что мы потеряли связь с землей, и наше навигационное оборудование сломалось. Хорошая

---

[32] Message by Dr. Charles R. Swindoll, "Who Gets the Glory?" Northwest Bible Church, Dallas, TX.

новость — ветер попутный, и поэтому куда бы нас ни занесло, мы доберемся туда со скоростью 800 километров в час». Смешно? К сожалению, слишком часто мы летим как этот самолет без курса, гонимые ветрами обстоятельств.

Некоторые из нас ведут себя как слепые котята, когда речь идет о саморазвитии. Больше времени у нас уходит на планы по летнему отпуску, чем на планирование своей жизни! И если нас спросят, куда мы идем, то мы, скорее всего, ответим: «На тренировку». Мы так связаны расписанием наших детей, нашей карьерой, нашими страхами и проблемами, что не видим общей картины. Мы забыли, кто мы и что у нас есть цель. У нас нет времени подумать о том, что мы делаем; что еще хуже, мы даже не молимся об этом.

Это совершенно противоположно тому, что Бог для нас предусмотрел. Писание увещевает нас жить мудро.

> *Итак, смотрите, поступайте осторожно, не как неразумные, но как мудрые, дорожа временем, потому что дни лукавы. Итак, не будьте нерассудительны, но познавайте, что есть воля Божия (Еф. 5:15–17).*

Мы должны поступать как женщины, знающие смысл и цель жизни. Как выразился немецкий мыслитель Гете: «То, что значит больше, никогда не должно подчиняться вещам малозначимым». Если мы не разобрались, ради чего живем, то мы плывем по течению, действуя по сценарию семьи, по плану других людей и под давлением обстоятельств. Так не должна жить женщина, которая знает цель и смысл жизни. Однако никогда не поздно исправить свой ошибочный фокус.

Правильно настроенный фокус

Нам нужно исправить сбитый фокус и стать женщинами с целью. Лучше всего начать с утверждения цели, определяющей, во что мы верим и к чему стремимся. Многие влиятельные исторические личности записывали свою цель в жизни. Позвольте мне поделиться с вами двумя, которые сильно на меня повлияли.

Первую записал пламенный проповедник XVII века Джонатан Эдвардс. Я буквально ощущаю силу целеустремленности в его словах:

> Решено! Не терять ни единого момента жизни, но извлекать изо вся-кого мгновения максимально возможную пользу.
> Решено! Пока жив, жить в полную силу.
> Решено! Не делать ничего, что я осудил бы в другом или за что стал бы думать о нем хуже, чем прежде.
> Решено! Ничего не делать из мести.
> Решено! Не делать ничего, что побоялся бы сделать в последний час своей жизни.
> Решено! Никогда не делать ничего такого, что я боялся бы сделать в свой последний час.

Джонатан Эдвардс записал свою цель в жизни в форме резолюций. Бетти Скотт Стэм записала свою в форме молитвы:

> 99 *Господь, я отказываюсь от всех своих планов и целей, всех своих желаний и надежд и принимаю Твою волю для моей жизни. Я отдаю себя, свою жизнь, все без остатка Тебе, чтобы быть*

Твоей навеки. Наполни и запечатлей меня Твоим Духом Святым. Употреби меня, как Тебе угодно, пошли меня, куда Тебе угодно, совершай в моей жизни всю Твою волю, отныне и вовек.

Эта молитва воплотилась в жизни Бетти, когда они с мужем поехали на миссию в Китай и были замучены коммунистами, когда те пришли к власти в 1934 году. Такой молитвой молились многие, включая Элизабет Эллиот, которая переписала ее в свою Библию и подписалась под ней, будучи еще девочкой. И вот эта молитва послужила напоминанием о цели жизни Элизабет, когда ее мужа, Джима Эллиота, замучили те самые люди, которым они пришли служить!

Я хочу познакомить вас с четырьмя моими зрелыми подругами (зрелые означает, что они могут рассчитывать на скидку для пенсионеров), и пусть они вам расскажут, как идут к своей жизненной цели.

У Филлис, Джин и Мими есть внуки. А Нэй не была замужем, но ее духовные дети есть в каждом уголке земли. Молюсь о том, чтобы Бог использовал их истории, чтобы побудить вас исправить свой фокус, чтобы вы смогли сказать: «Вот моя цель. Я знаю, куда иду».

Филлис

Филлис Стэнли помнит, как она жила без цели. В колледже она так разочаровалась в христианстве, что убрала свою Библию и решила жить по-своему. Два года спустя она покаялась и попросила Господа собрать осколки ее разбитой вдребезги жизни. Она сказала Богу, что остаток жизни хочет сознательно прожить для Него. Главным в ее жизни стал текст Филиппийцам 3:10:

> Чтобы познать Его, и силу воскресения Его, и участие в страданиях Его, сообразуясь смерти Его.

Филлис говорит: «Когда у меня появились дети, я помню, как говорила себе: «Может теперь моя цель дети?» Я осознала, что дети были моей платформой, а не целью. Цель моей жизни постоянно развивается. Я начала с одного стиха, и годы спустя Бог дал мне четыре слова, которые прояснили мою цель». Вот эти слова: целенаправленно, верно, творчески и парадоксально. Сегодня цель жизни Филлис выглядит так:

Я хочу прожить свою жизнь целенаправленно, регулярно пересматривая свою жизненную цель и молясь о ней, горячо любя Бога, поддерживая и вдохновляя своего мужа, молясь и поддерживая духовную связь со своими детьми, с любовью стремясь закладывать духовный фундамент в жизни женщин. Я хочу жить верно, доверяясь Богу в том, чего не могу знать. Я хочу верить, что Бог может сделать в жизни моих детей то, что мне не под силу.

Я хочу жить творчески: в созидании красоты и уюта в своем доме, в работе за письменным столом и в моем изучении Библии. Изобретательность добавляет искорку сосредоточенной целеустремленной жизни.

Я хочу жить парадоксально. Я хочу сопротивляться своей эгоистичной природе, нашей культуре, отдавая больше, чем мне хочется, проходя второе поприще, уподобляясь Иисусу [33].

Будь у вас возможность знать Филлис лично, вы бы сами убедились, что эти слова отражаются в ее жизни.

---

[33]   Из личного разговора с Филлис Стэнли.

Джин

Джин Флеминг — это глубокомыслящая и целеустремленная женщина. Когда я спросила Джин, как она определяет свою цель, она ответила: «Я хочу влиять на будущие поколения». В Псалме 77:1–5 так говорится о желании Джин передать глубокую истину Божью своим детям и внукам:

> *Не скроет от детей их, возвещая роду грядущему славу Господа, и силу Его, и чудеса Его, которые Он сотворил.*

Как же трудно сфокусировать свою жизнь в надежде оставить наследие будущим поколениям! В своей замечательной книге «Between Walden and the Whirlwind» («Между тишиной и ураганом») Джин говорит: «Когда мы стремимся жить целенаправленно, появляется огромная проблема. Без наших усилий, решимости и принятия ответственности, жизнь теряет фокус. Течение нашей жизни, день пришел — день ушел, смещает и искажает фокус. В своей занятости мы не находим времени, чтобы обдумать, как живем. Платон говорил, что неосознанной жизнью не стоит и жить» [34].

Чтобы удержать фокус в рутине повседневной жизни, Джин изображает свою жизнь в виде дерева. Ствол представляет собой ее отношения со Христом; толстые ветви олицетворяют данные Богом обязанности: семью, работу, служение и личное развитие. Листья на дереве Джин — это деятельность и возможности, которые появляются в жизни. Иногда «листья деятельности» разрастаются так, что заслоняют ствол и ветви. Когда такое случается, то, по словам Джин,

---

[34] Jean Fleming, Between *Walden and the Whirlwind: The Key to an Overwhelming World* (Colorado Springs: NavPress, 1987), 37.

она чувствует себя в ловушке, подавленной и опустошенной. «Нельзя ограничивать жизнь деятельностью. Я должна уделять внимание не листве, а стволу и ветвям. Я делаю то, что делаю благодаря Иисусу и благодаря тому, что моя жизнь принадлежит Ему. По этой же причине я не делаю того, чего не делаю».

Для Джин целеустремленная жизнь означает регулярную подрезку ее дерева. «Три или четыре раза в год я полдня посвящаю общению с Господом, чтобы оценить свою жизнь, пересмотреть свой график и задать новое направление на несколько месяцев вперед. Большую часть времени я читаю Библию, молюсь и воспеваю Господа. Это тихое время как секатор удаляет иллюзии и миражи повседневной жизни. Оно помогает мне сосредоточиться и снова взыскать горнего».

Во время своего уединения Джин открывает свое «дерево» перед Господом и просит: «Господи, что мне нужно сделать, чтобы сохранить мои отношения с Тобой? Чему я должна сказать "да", а чему "нет"?»

Всегда ли Джин ясно представляет дальнейшие действия после такой подрезки? Нет, но прислушиваясь к Божьему голосу, стремясь в духе услышать Его слова, она приводит сердце в согласие с Божьим замыслом.

Благочестивая целеустремленность Джин непосредственно проистекает из ее решения обрезать лишние ветви и жить в единении с Богом.

Ней

Жизненная цель Ней Бэйли состоит из двух библейских текстов и молитвы. В возрасте двадцати четырех лет она взяла свою цель из Римлянам 8:28–29:

> *Притом знаем, что любящим Бога, призванным по Его изволению, все содействует ко благу. Ибо кого Он предузнал, тем и предопределил* быть *подобными образу Сына Своего... (выделение добавлено Л. Д.).*

Когда Ней решила уподобляться Христу, она стала применять это место Писания к конкретным ситуациям в своей жизни. «Когда происходило то, что мне не нравилось, я благодарила Его, хотя и не понимала. Я знала, что негативные обстоятельства Бог использовал для моего изменения».

Десятью годами позже Бог вложил в сердце Ней второй библейский текст. Она решила жить согласно Исаие 61:1–3:

> *Дух Господа Бога на Мне, ибо Господь помазал Меня благовествовать нищим, послал Меня исцелять сокрушенных сердцем, проповедовать пленным освобождение и узникам открытие темницы, проповедовать лето Господне благоприятное и день мщения Бога нашего, утешить всех сетующих, возвестить сетующим на Сионе, что им вместо пепла дастся украшение, вместо плача — елей радости, вместо унылого духа — славная одежда, и назовут их сильными правдою, насаждением Господа во славу Его.*

Ней — моя подруга, и я в восхищении, как точно исполнились эти стихи в ее жизни. Она действительно несет благую весть страдальцам, врачует сокрушенных сердцем и возвещает свободу пленным и освобождение узникам. Она на самом деле дает елей радости плачущим, славную одежду унывающим духом.

Через двадцать лет Ней услышала молитву, которая приводится ниже и взяла ее на вооружение:

> *Господь Иисус, я отдаю Тебе*
> *Всю себя,*
> *Все, что имею,*
> *Все, что делаю,*
> *Все, от чего страдаю,*
> *Отныне и вовек [35].*

Чтобы сделать своей эту прекрасную молитву, Ней взяла четыре листочка бумаги и пометила каждый: 1) Всю себя; 2) Все, что имею; 3) Все, что делаю; 4) Все, от чего страдаю. «Я записала все, что, по моему мнению, подходило к этим четырем категориям», — рассказывала она. «Я знала, что все, перечисленное на четырех листках, было жертвой Господу. Поэтому я поблагодарила Его за все это и отдала Ему как приношение».

Жизненная цель Ней прогрессировала с течением лет, и для всех, кто ее знает, совершенно очевидно, что Бог совершает Свой труд уподобления ее в Свой образ.

Мими

Когда Мими Вильсон исполнилось тридцать, она задалась вопросом, каким образом выдающиеся женщины, которыми она восхищалась, стали такими? Она захотела последовать их примеру. Она говорит: «Я читала книги, делала наблюдения и исследования, задавая множество вопросов. Бог дал мне

---

[35] Ней Бэйли услышала эту молитву от Элизабет Тейлор.

желание поставить себе цель. Это было так, словно Он ввел меня в комнату, которая называлась «осознание». В этой комнате я размышляла над такими вопросами: «Почему я здесь? Куда я иду? Какова цель моей жизни?» В этой первой комнате я поняла, что за ней есть вторая комната, которая называется «решение». Ответить на эти вопросы было недостаточно; первая комната была лишь первым этапом. Теперь нужно было действовать на основании того, что я обнаружила в комнате осознания. Нужно было принимать решения.

«К тридцати двум годам я посмотрела на свою жизнь с точки зрения вечности. Я поняла, что вечность начнется не в момент моей смерти. Моя вечность уже началась! Поэтому я изобразила свою жизнь как бесконечную линию. Я стояла на этой линии слева и смотрела вперед, к концу моей земной жизни, направо.

Мими
_____

32   80

Два важных вопроса пришли мне на ум: во-первых, какой я хочу быть в возрасте восьмидесяти лет? Это было легко. Ответ я знала.

- Довольной
- Мудрой
- Благочестивой

Второй вопрос — ответ на него занял больше времени — был таким: как я собираюсь стать такой женщиной? Я знала, что все начинается с глубокого познания характера Божьего».

Начиная с возраста 32 лет, Мими раз в неделю посвящала утро молитвенным размышлениям о характере Божьем. Если вы когда-нибудь пробовали молиться, когда вокруг носятся трое маленьких детей, тогда вы понимаете, как трудно найти такую возможность. Что же делала Мими?

«Я не хотела, чтобы дети возненавидели Бога из-за того, что Он отнимал все мое внимание во время молитвы. Поэтому перед молитвой я давала моим херувимчикам большие порции "десерта" (интересное время с мамой и маленькие сюрпризы). Стоило ли это таких усилий? Да я бы перевернула небо и землю, чтобы провести время наедине с Господом, потому что Он встретился со мной и явил Себя мне! После молитвы я смотрела на вечность по-новому и всю неделю помнила о моей вечной жизни в Боге. Я обретала способность видеть сегодняшний день и проблемы с точки зрения вечности».

Мими приняла сокровенное решение перейти от знания (комната «осознания») к действиям (комната «решения»), и была очень рада, что приняла это решение стремиться к благочестию, мудрости и довольству. По ее словам: «Вы можете имитировать добродетель, но благочестие сымитировать невозможно».

Мими упорно шла к своей цели и ее решение привело к серьезным переменам. Миновало двадцать лет с той поры, как она начала настраивать свой фокус. Она продвигалась по своей «линии вечности».

Мими		
32	52	80

Как близкая подруга Мими, я могу сказать, что сейчас она пример довольства, мудрости и благочестия. Как же отрадно созерцать ту женщину, которой она станет на своем пути к вечности! [36]

В какой вы комнате?

Теперь, когда мы рассмотрели пример женщин, которые сознательно попросили Бога показать им цель их жизни, я надеюсь, что у вас есть стимул сделать то же самое. Молюсь о том, чтобы вы приняли решение перейти из комнаты «осознания» в комнату «решения». Каждая из моих подруг избрала сосредоточенную на Боге цель.

Филлис решила жить целеустремленно, искренне, креативно и парадоксально. Джин визуализировала свою жизнь как дерево и попросила, чтобы Бог постоянно его подрезал. Ней выбрала молитву и два места Писания, которые выражали ее жизненную цель. Мими определила, кем она хочет стать, когда достигнет восьмидесяти лет, а потом прописала конкретные шаги достижения этой цели.

Все эти женщины по-разному сформулировали свои цели. Филлис записала свою цель в блокноте. Ней записала ее в своем сердце. Цель Мими появилась, когда она изучала жизнь благочестивых женщин. Джин пришла к своей цели, изучая Библию. Однако цель каждой из них формировалась и шлифовалась временем. В какой-то момент они решили идти вперед с полной ясностью и исправленным фокусом. По сути, каждая из этих женщин приняла сокровенное решение определить с Божьей помощью свою жизненную цель.

---

[36] Из личного разговора с Мими Вильсон.

Дорогая подруга, почему бы тебе не помолиться, а потом, взяв ручку и листок бумаги, попросить Бога, чтобы Он показал тебе твою цель в жизни? Спроси себя: «Какой я хочу быть через десять лет?» Начни с одного утверждения или библейского текста, который бы описывал то, что ты думаешь о Боге и Его замысле для тебя. Например: «Цель моей жизни прославлять Бога во всем, что я говорю и делаю». Если ты не можешь вспомнить нужный отрывок или сформулировать утверждение, то возьми на вооружение идею одной из моих четырех подруг (они рады помочь). Помни, все, что ты напишешь, будет только началом.

Филлис, Джин, Ней и Мими нашли свою цель в жизни не сразу, и у тебя на это уйдет некоторое время. Но у всякого процесса должно быть начало.

Следующая история сильно повлияла на мое желание исправить свой жизненный фокус. Я буду называть эту женщину «Мэтти». Всю свою жизнь Мэтти прилежно читала Божье Слово и заучивала наизусть множество стихов из своей потрепанной Библии. Ее любимым стихом был 2 Тимофею 1:12:

> *Ибо я знаю, в Кого уверовал, и уверен, что Он силен сохранить залог мой на оный день.*

Когда Мэтти состарилась, память стала ей изменять. Даже дорогие лица родных людей она стала узнавать с трудом. Наконец она оказалась прикованной к постели в доме престарелых. Когда члены ее семьи и друзья навещали ее, то они слышали, как она продолжала цитировать стихи из Библии и особенно свой любимый. Но со временем даже слова из этого самого любимого стиха стали забываться. «Ибо я знаю, в Кого уверовал...», — говорила она, — «Он силен... сохранить залог...мой». Мэтти слабела, и стих становился еще короче: «Он силен сохранить залог...мой».

Когда Мэтти умирала, ее голос стал таким слабым, что родные вынуждены были прислушиваться к ее шепоту. У нее осталось только одно слово из любимого стиха: «Он». Мэтти не переставала его шептать, приближаясь к вратам рая: «Он.... Он...Он...». Он стал всем, что у нее осталось. Он был всем, что было нужно. Фокусом ее жизни был Он [37].

---

[37] Ron Mehl, "A Place of Quiet Rest," Discipleship Journal 99 (May/June 1997), 24.

ГЛАВА 7

Беспокойство
и кресло-качалка

История Виктории

Ополосну еще разок и закончу мыть ее головы. Какой же холодной была вода! Температура на улице упала до минус пяти.

Я очень себя жалела, когда с милой улыбкой в комнату вошла Виктория, в доме которой я остановилась. Мне сразу стало стыдно, но не от ее слов, а из-за того, что я знала о ее жизненной ситуации. Я уверена, что она и внимания не обращала на ледяную воду, поскольку у нее были трудности посерьезнее окоченевшего скальпа. Что такое бытовые неудобства, когда страдает ваш ребенок? Материнское сердце всегда замечает страдания своего дитя, а жизнь маленькой Адеаны была одной сплошной болью. Эта Адеана хотела следовать за Христом, как ее мама и папа.

Румыния в 1980 году была похожа на тюрьму, и Адеана была одной из ее юных узниц. Поскольку ее отец был пастором, Адеану постоянно высмеивали учителя, заставляя стоять перед классом под издевательства и общий смех за то, что она верит глупым мифам. Агрессивный ребенок не дал бы себя в обиду, но чувствительная 13-летняя Адеана сломалась. Врачи прописали ей большие дозы антидепрессантов, чтобы исцелить душевную травму. Виктории пришлось наблюдать, как ее драгоценное сокровище, ее доченька, из чуткой Адеаны превращается в кого-то другого.

Существует ли мука страшнее, чем боль родителей, вынужденных смотреть на страдания ребенка, когда Бог, казалось бы, должен вмешаться? Я бы сходила с ума от беспокойства. Виктория же научилась отдавать свои заботы к Тому, Кто возлюбил Адеану больше, чем она.

Я обернула полотенцем замерзшую голову и села у ног Виктории. Она ходила там, где и мне очень хотелось бы — в присутствии суверенного Царя.

Я собираю цитаты о беспокойстве. Может быть, вы узнаете в них себя?

> 🙶 *Беспокойство как кресло-качалка — оно заставляет вас что-то делать, но никуда не переносит.*

> 🙶 *Бывают мгновения, свободные от беспокойства. Эти короткие передышки называются паникой!*

Эти высказывания о беспокойстве вызывают у меня улыбку, а вот следующие утверждения заставляют задуматься. Джордж Мюллер сказал:

> 🙶 *Начало беспокойства — это конец веры. Начало истинной веры — это конец беспокойства.*

Все наши страхи и беспокойства вызваны тем, что мы не берем в расчет Бога.

Переживая и волнуясь, мы говорим: «Бог бессилен». Блуждая в беспокойстве, мы не ходим по вере. Мы хотим верить, но очень часто «беспокойство» становится нашим вторым именем. Нам знакомы его острые когти. Мы помним чувство, когда тонкий ручеек страха, извиваясь в нашем разуме, постепенно пробивает глубокий канал, который осушает все остальные мысли. Мы должны побороть болезнь под названием «Бог бессилен».

Я очень много размышляла о беспокойстве, поскольку именно в этой сфере Господь надо мной много работал. Делая опросы среди женщин, я поинтересовалась, что их беспокоит, и получила ответ: «Все!» Чаще всего они упоминали беспокойства, которые приводятся ниже, причем финансовые вопросы вызывают самое сильное беспокойство:

- Деньги: как мы выплатим ипотеку за дом в этом месяце? Смогу ли я оплатить учебу детей в хорошем университете? Смогу ли я купить машину?
- Брак: найду ли я мужчину, за которого захочу выйти замуж? Будет ли мой брак долгим; будет ли он прочным? Будет ли мой муж верен мне?
- Материнство: смогу ли я родить ребенка? Буду ли я хорошей матерью? Будут ли мои дети огорчать меня, как я огорчала своих родителей?
- Здоровье: не заболею ли я или кто-то из моих близких раком или болезнью Альцгеймера?
- Работа: пойти работать или оставаться домохозяйкой? Если устроюсь на работу, то не уволят ли меня?

- Внешность: не буду ли я выглядеть толстой в купальнике?
- Опасности: а вдруг меня изнасилуют? А вдруг станут домогаться моего ребенка? Не попадем ли мы в аварию?

Когда я спрашиваю женщин, почему они беспокоятся, обычно они называют три причины:

- Этот мир вышел из-под контроля
- Семьи вышли из-под контроля
- Моя жизнь вышла из-под контроля

Могу сказать, что эти переживания мне близки, но, оглядываясь на свою жизнь, я понимаю, что больше всего я беспокоилась за своих детей.

Слезы в аэропорту Нью-Йорка

Я подняла телефон в нашей квартире в Гонконге. Это была моя дочь, Робин. «Мама, со мной происходит что-то ужасное… Мы были на свадьбе, я ела картофель фри, а через минуту Майк (муж Робин) выносил меня наружу. Я плакала, но не знаю почему. Мне было страшно, и, насколько я понимаю, что-то происходило в моем теле, и я не могла это контролировать. Мам, это было ужасно, и это случилось снова, в лифте. Что это? Мне так страшно. Подруга сказала, что это была паническая атака, но с чего это у меня паническая атака?»

Через несколько недель состоялся еще один разговор. «Мам, хорошие новости. У меня не панические атаки, а припадки. Здорово, правда? Это не эмоциональная, а физиологическая проблема! Завтра мне сделают МРТ и КТ. Ты рада, мама?»

Нет, я была не рада. Припадки у молодой девушки могли указывать на многое, но ничего хорошего. Я помню, как сказала Джоди: «У Робин не панические атаки. У нее припадки, и она думает, что это хорошо». Я знала, что припадки могут указывать на опухоль мозга, и в мой разум начал закрадываться страх. Масла в огонь подливал и тот факт, что недавно я была на похоронах сына моей подруги, который умер от рака мозга.

Ручеек страха, протекавший в моем разуме, превратился в мощное наводнение. Он превратился в канал, осушивший все мои остальные мысли. Я молилась и отдавала всю ситуацию Богу, но через пять минут снова к ней возвращалась. «Господи, научи меня доверяться Тебе», — молилась я.

Прошло несколько дней, и анализы показали, что у Робин нет опухоли мозга. Мы благодарили Бога. Ей поставили диагноз эпилепсия и прописали лекарства, помогающие контролировать припадки. Дочь была в Филадельфии, между нами был океан и континент. Только матери понятно, насколько это далеко. Я жаждала ее увидеть и обнять. Будучи специалистом по дешевым покупкам, я нашла курьерский рейс из Гонконга в Нью-Йорк за 500 долларов туда-обратно и провела неделю в Филадельфии с Робин. Больно было видеть, как воздействуют на нее медикаменты, но, кажется, они подавили припадки. В поезде, по дороге в аэропорт, откуда отправлялся обратный рейс в Гонконг, я была счастлива.

Перед отлетом я позвонила Робин, потому что хотела еще раз услышать ее голос. Голос в трубке был слабым и едва различимым. Когда я спросила: «Милая, что с тобой?» —

она залилась слезами. «Мама, у меня ужасная реакция на лекарства. Мне очень плохо. Никогда в жизни мне не было так плохо. У меня поднялась температура, сыпь по всему телу и лимфоузлы воспалились. Доктор говорит, что нужно немедленно прекратить курс лечения, а это значит, что припадки возвратятся».

Как только я представила свою драгоценную дочку в одиночестве (они не могли дозвониться до ее мужа в университете) и страдании, я поступила так, как все нормальные матери: остановилась посреди Нью-Йоркского аэропорта и зарыдала. Сердце болело от беспомощности. Моя дочь нуждалась во мне, а меня не было рядом.

Я вспомнила цитату, которую выучила наизусть:

> *Тихая напряженность — это не доверие, а спрессованное беспокойство* [38].

Все внутри меня будто спрессовалось с тревогой!

Что такое беспокойство?

Все знакомые мне женщины так или иначе страдали от беспокойства. У некоторых из моих подруг были приступы тревоги из-за химического дисбаланса в мозгу, и им пришлось принимать лекарства, чтобы справиться с приступами страха. Это физиологическая проблема, с которой почти ничего нельзя сделать. Но я говорю не о таких расстройствах. Я говорю о повседневных переживаниях, которым мы отдаем право управлять нашей жизнью.

---

[38] Mrs. Charles E. Cowman, *Streams in the Desert* (Grand Rapids, MI: Zondervan, 1925), 118.

Тревожное состояние — это самое распространенное расстройство на сегодня в Америке[39]. Но попросите десять женщин описать чувство тревоги, и получите десять разных ответов. Приведу несколько определений беспокойства, которые мне дали опрошенные мною женщины.

• Это когда я полночи хожу взад-вперед, потому что не могу уснуть.
• Это ужасная нервозность, когда я не могу спокойно сидеть и не могу сосредоточиться, чтобы заниматься делами.
• Это боль в шее, которая начинается в плечах, а потом переходит в шею.

Перед нами честные ответы, но они фокусируются на результате расстройства, не давая определения. Так что же это такое — беспокойство?

Английское слово worry («беспокоиться») произошло от старого англосаксонского, которое означало «душить, сдавливать». Мертвая хватка беспокойства не дает женщине наслаждаться жизнью довольства и умиротворения.

Тревога — это то, что разрывает душу и приводит ее в смятение; то, что отвлекает нас от текущих дел к утомительным расчетам, что делать в обстоятельствах, которые могут никогда не наступить. Это привычка переходить мост до того, как вы до него добрались.

Беспокойство больше связано со взглядом на жизнь, чем с обстоятельствами. В аналогичных ситуациях одна женщина

---

[39] "Facts and Statistics," ADAA, accessed March 5, 2020, https://adaa.org/about-adaa/press-room/facts-statistics.

будет нервничать, а другая будет спокойна. Женщина беспокоится, когда чувствует угрозу или опасность. Я использую слово чувствует, потому что опасность может быть реальной или воображаемой. Когда мой ребенок стоит посреди улицы, и к нему приближается машина, опасность реальна; в этом случае волнение полезно, как система предупреждения, которая поможет мне спасти моего ребенка из беды. Если же я переживаю, что мой сын может пристраститься к наркотикам, что моя дочь может забеременеть, что мой муж может изменить, что у меня может быть рак груди, что мы не сможем оплатить счета в следующем месяце — тогда эта опасность воображаемая.

Я слышала высказывание, что «в жизни много страшных бед, большинство из которых никогда не случится»[40]. Если мы тратим драгоценное время, переживая о том, что может произойти, беспокойство давит на нас тяжелым грузом, истощает наши силы и обрекает на неэффективность.

Иногда женщины путают беспокойство с депрессией. По словам докторов Минирт и Мейер, и богослова Хокинса, которые приводятся в их книге Worry-Free Living («Жизнь без тревоги»), «беспокойство связано с будущим, а депрессия сильнее связана с прошлым». Депрессия — это прошлое, спроецированное на настоящее, а тревога — это будущее, спроецированное на настоящее[41]. По словам одной женщины, беспокойство — это предоплата за неприятности, которые редко случаются. Точнее не скажешь — и все же мы, женщины,

---

[40] Эту цитату приписывают многим людям. Больше о предполагаемых авторах можно узнать здесь https://quoteinvestigator.com/2013/10/04/never -happened/.
[41] Frank B. Minirth, Paul D. Meier, and Don Hawkins, *Worry-Free Living* (Nashville: Thomas Nelson, 1991), 28.

хронические паникерши. Христианки в этом смысле хуже всех. На одном выдохе мы говорим, что доверяем Богу, а на втором — как нам тревожно! Беспокойство и тревога делают из мухи слона, а этот слон создает проблемы не только для души и духа, но и для тела.

Беспокойство разрушительно

Трудно поверить, но беспокойством люди могут довести себя до смерти. Исследования в Австралии показали, что нервные мужчины на 30% более подвержены сердечным приступам, чем более уравновешенные[42]. Современные медицинские исследования доказали, что беспокойство ослабляет защитные силы организма. Более того, оно поражает нервную систему и наносит вред органам пищеварения и сердцу. Добавив к этому бессонные ночи и безрадостные дни, мы получим представление о той мертвой хватке, с которой беспокойство сжимает сердце человека. Беспокойство не удаляет печали завтрашнего дня; оно лишает сил день сегодняшний.

Мы знаем, что нервничать не полезно, однако позволяем себя душить беспокойству о том, что может произойти. Многие из нас отдаются переживаниям без всякой борьбы, но один человек решил дать бой своей склонности к беспокойству:

> *Я слышал об одном бизнесмене, который нарисовал так называемый график переживаний, в котором он отмечал свои*

42 American College of Cardiology, "Anxiety and Depression Boost Heart Attack and Stroke Risk," CardioSmart.org, September 19, 2018, https://www.cardiosmart.org/News-and-Events/2018/09/Anxiety-and-Depression-Boost-Heart-Attack-and-Stroke-Risk.

тревоги. Он обнаружил, что в 40% случаев он тревожился за то, что никогда бы не случилось; 30% относилось к прошлым решениям, которые он не мог изменить; 12% касалось критике со стороны других; а 10% переживаний были о здоровье. Он пришел к выводу, что только 8% тревог были обоснованными![43]

Наверное, самое поразительное свойство беспокойства — это его абсолютная бесполезность. Беспокойство не влияет ни на что, разве только на самого паникера. В истории не было случая, чтобы беспокойство отвратило беду. Оно не остановило торнадо, не победило засуху, не предотвратило авиакатастрофу, не сохранило дитя от падения с велосипеда, а подростка — от пропусков школы и от употребления наркотиков. Беспокойство не предупредило ни один сердечный приступ (хотя стало причиной многих). Беспокойство контрпродуктивно. Оно как кресло-качалка — никуда вас не довезет, хотя дает занятие, а женщины так любят быть чем-то заняты! Сколько же часов, сколько дней мы проводим в тревоге о том, что не в нашей власти и о том, что никогда не произойдет? Нет никаких сомнений в том, что в девяти случаях из десяти переживание наносит больше вреда телу, душе и духу, чем само несчастье.

Греховно ли беспокойство?

К счастью, Слово Божье предлагает более эффективное лечение. Можно с уверенностью сказать, что такое лечение существует, потому что Иисус повелел нам не поддаваться тревогам. Это очевидно из предупреждений в Нагорной

---

43   Center for Change, "Food for Thought—Worry Chart," accessed March 12, 2020, https://centerforchange.com/food-thought-worry-chart/.

проповеди, в частности, в Матфея 6:25–34, где Иисус повелевает: «Перестаньте тревожиться»:

>> *Посему говорю вам: не заботьтесь для души вашей, что вам есть и что пить, ни для тела вашего, во что одеться. Душа не больше ли пищи, и тело одежды? Взгляните на птиц небесных: они не сеют, не жнут, не собирают в житницы; и Отец ваш Небесный питает их. Вы не гораздо ли лучше их? Да и кто из вас, заботясь, может прибавить себе росту хотя на один локоть? И об одежде что заботитесь? Посмотрите на полевые лилии, как они растут: не трудятся, не прядут; но говорю вам, что и Соломон во всей славе своей не одевался так, как всякая из них; если же траву полевую, которая сегодня есть, а завтра будет брошена в печь, Бог так одевает, кольми паче вас, маловеры! Итак, не заботьтесь и не говорите: что нам есть? или что пить? или во что одеться? потому что всего этого ищут язычники, и потому что Отец ваш Небесный знает, что вы имеете нужду во всем этом. Ищите же прежде Царства Божия и правды Его, и это все приложится вам. Итак, не заботьтесь о завтрашнем дне, ибо завтрашний сам будет заботиться о своем: довольно для каждого дня своей заботы (выделение добавлено Л. Д.).*

Иисус пять раз повторяет в этом тексте: не заботьтесь. Не для того ли, чтобы мы это усвоили?

В этих стихах Иисус обозначает волнение или беспокойство как признак слабой веры. Он запрещает беспокоиться и повелевает нам, женщинам, верить (стих 30). Вместо того, чтобы переживать, мы должны устремить свой взор к Богу и Его праведности. Стих 34 дает ключ к свободной от тревог жизни. В пересказе «Живой Библии» это звучит кристально ясно: «Итак, не переживайте о завтрашнем дне. Бог ведь позаботится о вашем завтрашнем дне. Живите днем сегодняшним». Конечно, нам нужно молиться о завтрашнем дне, составлять планы и готовиться к нему, но не следует переживать о том, что может произойти. Бремя завтрашнего дня плюс бремя вчерашнего, которое ты несешь сегодня, раздавит и самую сильную женщину. Мы должны доверить свое завтра Господу и жить сегодня. Следование за Богом все 24 часа сегодняшнего дня и без того трудная задача.

В своем труде «Word Studies in the Greek New Testament» Кеннет Вюст пишет:

> *Бог повелевает нам «перестать постоянно беспокоиться даже о чем-то одном». Беспокоясь, мы грешим. Мы не доверяем Богу, когда беспокоимся. Наши молитвы не находят ответа, когда мы беспокоимся, потому что мы не верим [44].*

Епископ Фулгон Дж. Шин пошел еще дальше:

> *Всякое беспокойство — это атеизм, поскольку это недостаток доверия Богу [45].*

Когда я спрашиваю у женщин, не считают ли они беспокойство грехом, они удивляются или ахают в недоумении. Одна так и заявила: «Вообще-то, матери должны беспокоиться».

[44] Kenneth Wuest, *Word Studies from the Greek New Testament* vol. 1 (Grand Rapids, MI: Eerdmans, 1980), vol. 1.
[45] Bishop Fulton J. Sheen, quoted by Frank S. Mead, *12,000 Religious Quotations* (Grand Rapids, MI: Baker, 1989), 478.

Легко себя обмануть мыслью «Да я просто волнуюсь», приукрашивая неприглядную правду о том, что тревога — это грех. Беспокойство утверждает: «Я не доверяю Богу, я не верю, что Он может справиться с моим ребенком, моим браком, моим здоровьем, моей работой или моим одиночеством».

Освальд Чемберс назвал беспокойство неверностью:

> *Беспокойство — это не просто неправильно, это неверность, потому что беспокойство означает, что мы думаем, что Бог не может разобраться с практическими вопросами нашей жизни, и именно это нас беспокоит* [46].

Возложите свои заботы на Иисуса

Господь Иисус и апостол Павел повелевают нам «не заботиться». Но как повиноваться этому повелению, если множество людей беспокоятся, и это кажется естественным? Апостол Петр показывает нам, что это возможно, и в 1 Петра 5:6–7 дает нам альтернативу тому, чтобы нести все заботы самостоятельно:

> *Итак смиритесь под крепкую руку Божию, да вознесет вас в свое время. Все заботы ваши возложите на Него, ибо Он печется о вас.*

Французский перевод буквально гласит: «Погрузите все свои заботы на Него» [47].

---

[46] Oswald Chambers, *My Utmost for His Highest* (New York: Dodd, Mead & Co., 1935), May 23.

[47] Этот стих был переведен для автора с французского языка.

Греческое слово «возложите» означает «швырять». В переводе Дж. Б. Филлипса больше всего мне нравится стих 7: «Сбросьте весь груз ваших переживаний на Него, потому что Он лично заботится о вас». Какая великая истина!

Многие из нас выучили наизусть 1 Петра 5:7 и запрятали в уме подальше, чтобы достать, когда возникнет проблема. Однако слишком часто, применяя чудесную часть «все заботы ваши возложите на Него», мы забываем первую часть: «смиритесь под крепкую руку Божию» (стих 6). Эти два стиха не просто формируют одну мысль — это одно предложение! Их нужно читать и применять вместе.

Что значит, смирить себя под крепкую руку Божию? Смирение означает полное доверие Богу. Это подчинение всего своего существа — разума, эмоций, воли, планов и суждений. Это отказ от всего. Для меня «смирить себя» значит отдать Богу как благословенному Владыке все обстоятельства или людей, которые заставляют меня беспокоиться.

Давайте вернемся в нью-йоркский аэропорт, где меня охватило глубокое отчаяние. Никакими словами не передать, что я чувствовала. Я хотела выбросить свой билет, побежать на поезд и вернуться к дочери. Меня мутило, и я была в полном смятении. Я стояла в слезах, убитая горем. Когда я молилась, Бог напомнил мне этот прекрасный текст — 1 Петра 5:6–7. Я не так давно проводила занятия по 1 Петра, и эти стихи были свежи в моей памяти. Я молилась этими словами и предавала свою драгоценную дочь в Божьи руки.

О Боже, Ты видишь меня. Ты знаешь мою ужасную боль. Нет слов, чтобы выразить, что я чувствую, но Ты знаешь. Я не понимаю, почему целую неделю у Робин было все хорошо, а как только я уехала, ей стало плохо. Но я знаю, Боже, что Ты благословенный Владыка всего. Ты Сам с любовью заботишься о моей дочери. Ты знаешь все пути ее — ее мозговую активность и ее реакцию на лекарства. Отче, она принадлежит Тебе. Ее жизнь в Твоих могучих руках. Я смиренно доверяю ее, мое драгоценное сокровище, Тебе и отдаю Тебе все свои переживания, потому что Ты Сам заботишься обо мне, как и о Робин.

Когда я молилась, в моем разуме сформировалась такая картина: «Боже, Ты знаешь, как я боюсь высоты, но сейчас я представляю себя на самом высоком небоскребе Гонконга. Я иду по краю здания, держа на руках свою Робин. Святой Отче, когда я смотрю вниз, то вижу там Тебя с протянутыми руками. Ты ждешь, что я прыгну и отдам свои заботы Тебе. Боже, беспокойство мучит меня, но я бросаюсь в Твои руки».

Через 20 минут после того, как я прыгнула в Божьи руки и возложила все свои заботы на Него, я села в самолет. Мне было спокойно. По натуре я человек беспокойный, но тогда я была спокойна. Это было чудо!

Этот эпизод в Нью-Йоркском аэропорту был лишь первым шагом: я училась вверять свою дочь Господу. Нас с Робин по-прежнему разделяла половина земного шара. В последующие два года у нее было много проблем со здоровьем: дважды были подозрения на рак, ей делали биопсию, у нее были реакции на лекарства и неконтролируемые припадки. Из-за лекарств она стала подавленной и чувствовала себя как «зомби». У них с мужем были постоянные финансовые проблемы, а потом они попали в серьезную аварию. Еще один стресс.

Как это переживала я? Мне постоянно (значит снова и снова) приходилось отдавать свою дочь в Божьи руки. Всякий раз, услышав телефонный звонок, я мысленно падаю на колени и снова отдаю ее благословенному Владыке, Который ее любит. Вместо того, чтобы тревожиться за нее и мучиться страхами о том, что может случиться, я решила молиться и просить Бога, чтобы Он заботился о ней. Это было нелегко; это был выбор, который я делала ежедневно, а иногда и ежеминутно.

Шкатулка моих забот

Обвязанная лентой коробочка в форме сердца на книжной полке над моим столом — это моя шкатулка забот. Встряхивая ее, я слышу, как внутри шуршат бумажки. Когда тревога берет верх над моим рассудком, я беру маленький листочек и записываю причину своей тревоги. Я ставлю дату и кладу листок в шкатулку забот. Развязывая ленту, чтобы открыть крышку, я молюсь: «Боже, я отдаю Тебе эту заботу, которая меня терзает. Я кладу ее в шкатулку со словами, что теперь она Твоя. Я отдаю ее Тебе. Ты справишься с ней намного лучше, чем я». Потом я закрываю коробку, завязываю ленту и благодарю Бога за то, что теперь это Его забота.

Каждый раз, бросая взгляд на шкатулку, набитую моими заботами, я вспоминаю, что Бог взял их на Себя. Один-два раза в год я открываю шкатулку и перечитываю мои заботы. Я благодарю Бога за те, о которых Он позаботился. Остальные кладу обратно в шкатулку в форме сердца и снова вверяю их Ему.

Джуди использовала другую коробку, которая помогала ей отдавать свое горе ребенка Божьей заботе. Большая коробка была красиво и с любовью перевязана бархатной лентой. Медленно поднимаясь с этой коробкой в руках по ступенькам на второй этаж, Джуди говорила: «Боже, эта коробка будет представлять моего ребенка — ребенка, который рвет мне сердце на части. Я старалась отдать заботу о нем Тебе, но все время забирала обратно. Я поднимусь по этой лестнице и оставлю коробку там. Он — Твой, это дар, который Ты доверил мне, когда он родился. Теперь я навсегда возвращаю его Тебе. Каждый раз, поднимаясь по этим ступенькам, я буду вспоминать об этом и благодарить Тебя за то, что Он в Твоих руках».

Может быть, идеи со шкатулкой забот или с лестницей, по которой надо подниматься с большой коробкой в руках, вас не привлекают. Придумайте что-нибудь свое, что-нибудь осязаемое, что побудит вас довериться Богу.

Жизнь полна потенциальных проблем и боли. Но у нас есть выбор: беспокоиться или довериться Тому, Кто достоин доверия. Совмещать одно и другое невозможно. Когда я беспокоюсь о своей дочери — или о чем-то еще — я спрашиваю себя: «Зачем я пытаюсь все взять под контроль, вместо того чтобы довериться Богу?»

Воспользуемся опытом тех, кто боролся с беспокойством до нас и постиг чудесную истину о том, что Бог присутствует во всех наших «завтра». Послушайте слова Джорджа Макдональда.

> *Верно сказано, что никто еще не погиб под бременем сегодняшнего дня. А вот когда бремя завтрашнее прибавляется к бремени сегодняшнему, с этим никому не совладать. Никогда себя так не обременяйте, друзья мои. Если же вы окажетесь перегружены, то по крайней мере помните: виноваты в этом*

вы, а не Бог. Он просит вас оставить будущее Ему, а самим думать о настоящем [48].

Фредерик Б. Мейер выразил эту истину простыми словами:

> *Вот блаженная жизнь: не заботиться о далеком будущем, не искать пути самому, а смиренно, шаг за шагом, следовать за Пастырем. Пастырь всегда идет впереди овец. Любая атака на них не ускользнет от его внимания. Бог идет впереди нас. Он во дне завтрашнем. Именно завтрашний день ужасает людей. А Бог уже там. Все завтрашние дни нашей жизни проходят перед Ним, прежде чем достигнут нас [49].*

Понимаете, о чем говорит Мейер? Бог уже находится в моем завтрашнем дне, в завтрашнем дне Робин, в вашем завтрашнем дне. Вот почему мы можем доверить этот день Ему и отдать Ему тяжкое бремя всего, что может с нами приключиться. Мы можем оставить это бремя на Его могучих плечах. Он способен справиться с ним несравненно лучше нас. Оставив тревоги о завтрашнем дне, мы можем сосредоточиться на том, чтобы доверять Богу сегодня.

Освобождение от беспокойства — это процесс

Апостол Петр, бывший Симон-рыбак, подбадривает меня на пути к довольству. Он тот человек, который учит нас, чтобы мы смирились и доверили все нашему великому Богу,

---

[48] George MacDonald, *Annals of a Quiet Neighborhood* (Philadelphia: David McKay, 1911), 203.

[49] Cowman, *Streams in the Desert*, 23.

отдали все заботы в Его сильные руки. Тем не менее этот же Петр тоже когда-то был паникером.

Я полагаю, что Петр в ранние годы был человеком импульсивным и беспокойным. Шагая по воде к Иисусу, он так забеспокоился, что начал тонуть (Матф. 14:30). Он беспокоился о том, кто предаст Иисуса; он даже упрекал Иисуса за то, что Он собирается страдать. Однако в своем первом послании Петр, великий паникер, учит других отдавать свои заботы Господу Иисусу Христу. Если Петр укрепился в доверии и перестал беспокоиться, то и нам это по плечу! Умение доверять далось Петру не сразу. И в нашем случае это тоже процесс. Этот процесс начинается, когда вы:

- осознаете, что беспокойство — это грех, и исповедуетесь в этом Богу;
- вверяете себя Божьей суверенной воле и благодарите Его, что Он благословенный Владыка над вашими проблемами;
- принимаете решение отдать свои заботы Богу и
- принимаете решение доверить Богу свой завтрашний день и жить сегодня.

Переименуйте меня в «Невозмутимую»

Вероятнее всего, вы никогда не слышали о Титедиосе Америмносе, но именно ему я хочу подражать. Мы читаем о нем в ранних греческих рукописях христианской эпохи. Титедиос — это его настоящее имя, а вторая часть имени, Америмнос, состоит из греческого «беспокоиться» и приставки «нет» или «никогда». Иными словами, это его прозвище, как например, «Александр Великий» или «Иаков

Справедливый». Считается, что сначала Титедиос был человеком боязливым, но, уверовав во Христа, научился Ему доверять и перестал тревожиться. Поэтому его называли «Титедиос, который никогда не беспокоится» [50].

Очень хочется, чтобы и меня назвали «Линда, которая никогда не беспокоится». Важно не то, какая ты сейчас, но какой ты становишься, потому что мы будем такими, какими сейчас становимся. Если Бог способен такую как я, любительницу контролировать и переживать по пустякам, начал преображать в женщину, которая доверяет Богу и принимает решение не переживать, значит, Он может сделать то же самое с вами. Давайте молиться о том, чтобы Бог изменил наши имена!

[50] James Montgomery Boice, *The Sermon on the Mount* (Grand Rapids, MI: Zondervan, 1972), 257.

ГЛАВА 8

Доверьте Богу свои *ЧТО ЕСЛИ*

История Ильдико

Готовясь к своей первой поездке в Восточную Европу, я нервничала. Найду ли я общий язык с теми женщинами? Но, познакомившись со своей переводчицей Ильдико, я успокоилась. На лекции стало ясно, что женщины одинаковы по всему земному шару. Этих милых венгерок веселили те же самые шутки и трогали до слез те же самые истории, которые я рассказывала своим американским слушательницам. Каким счастьем было преподавать вместе с Ильдико!

Годы сблизили нас с Ильдико, мы стали подругами, и у меня была возможность наблюдать за ее семьей. Ильдико и ее муж Геза ежедневно боролись с тоталитарным режимом, который одной рукой попирал основные свободы, а другой навязывал свои правила жизни. Важнее всего для Ильдико и Гезы была христианская вера. Они жили своей верой и проповедовали благую весть о Христе другим людям. Даже маленькая четырехлетняя Джулия рассказывала своим друзьям об Иисусе.

Однажды летом, когда они отдыхали в горах Матра, Джулия спросила пожилую женщину: «Вы знаете Иисуса? Вы будете в раю?» Та ахнула: «Кто тебя этому научил?» Она преподавала марксизм-ленинизм в университете и пришла в ужас ото того, что ребенка научили подобным «глупым мифам». Сердце Ильдико сжалось от страха, когда она услышала об этом разговоре. А ЧТО ЕСЛИ профессорша сообщила властям?

Страх не давал покоя Ильдико, когда ее муж Геза смело исповедовал свою веру в университете, где работал. Ее самые страшные «ЧТО ЕСЛИ» осуществились. Гезу уволили с инженерной должности, и ему пришлось стать дворником.

После этого различные «ЧТО ЕСЛИ» наводнили сердце Ильдико. ЧТО ЕСЛИ она тоже потеряет работу? ЧТО ЕСЛИ им не будет хватать денег? Она решила помалкивать о своей вере.

Спустя пару недель Ильдико стало стыдно, что она боялась людей больше, чем Бога, и не доверила Богу финансовое положение своей семьи. Она попросила у Господа прощения: «Дорогой Господь, дай мне, пожалуйста, возможность рассказать о Тебе моему начальнику». Через несколько дней Бог дал ей такую возможность.

Несмотря на то, что ее сняли с должности, Ильдико радовалась. Она доверилась Богу и победила свои «ЧТО ЕСЛИ».

Прежде чем мы продолжим, будет полезно остановиться и вспомнить то, что мы уже прошли. Мы начали наше путешествие с того, что в первой главе сказали, что довольство — это душевная удовлетворенность, доступная каждой из нас, это мир, который не зависит от обстоятельств. В главах со второй по пятую мы рассмотрели сферы жизни, в которых Бог дает отнас довольства: наши обстоятельства, наша индивидуальность, наша роль в жизни и взаимоотношения. В главах 6 и 7 мы изучили два препятствия на пути к довольству: неверный фокус внимания и беспокойство. И вот мы подходим к перекрестку, к выбору — вступать ли нам на мост, который высится над бурными водами недовольства и ведет нас в новую землю, где процветает довольство? Этот мост называется верой.

Вера возносит нас над обстоятельствами. Вера помогает нам быть довольными, даже когда в жизни все идет кувырком. Вера — это крепость, благодаря которой мы не теряем силы, даже когда нас атакуют мучительные мысли о том, что может случиться или о том, что уже произошло.

Вера — это необходимый компонент наших взаимоотношений с Богом и нашей способности быть довольными. Но что же такое вера? Я спросила нескольких женщин из моей библейской группы, и вот как они определили веру:

- Вера — это уверенность в том, что Бог остается верен Своему Слову, даже когда мои чувства кричат обратное.
- Вера — это убежденность в том, что это правда, но я не могу сейчас это почувствовать или потрогать.
- Вера — это значит рисовать маленькую часть всей картины без возможности видеть ее в законченном виде.

А какое определение вере дали бы вы? Попрошу вас остановить чтение и записать свое определение. Непростая задача, не правда ли? Вера — грандиозная концепция, которую невозможно передать словами. И все же, автор Послания к евреям предлагает блестящее определение: «Вера же есть осуществление ожидаемого и уверенность в невидимом» (11:1).

Именно этому мы хотим научиться — доверять Богу в том, что не видим, но, как у Ильдико, наши сердца заполняют «ЧТО ЕСЛИ».

Духовные болезни — это наша общая проблема. Две самые смертоносные относятся к категории «ЕСЛИ»: ЧТО ЕСЛИ и ЕСЛИ БЫ. Эти болезни — близнецы, они похожи и непохожи. Обе возникают из-за недостатка веры. ЧТО ЕСЛИ смотрит в будущее и переживает о том, что Бог может допустить. ЕСЛИ БЫ обращается в прошлое и ропщет на то, что Бог уже дал. Первая приводит к беспокойству, вторая — к гневу.

Дарлин очень хотела ребенка. После многих лет ожидания родилась белокурая, синеглазая Эмбер. Она была совершенством. Много спала, хорошо кушала и улыбалась. Она никогда не болела, всегда была доброжелательна. Ее называли Ангелочек.

Когда Эмбер подросла, Дарлин заметила, что она как будто не замечает других людей. Казалось, будто Ангелочек жил в своем собственном небесном мире. После долгих и мучительных исследований оказалось, что Эмбер страдает аутизмом. Вместе со своим мужем Дарлин прошла тяжелый процесс осознания, принятия, а затем и благодарности, вознесенной Богу. Затем они начали искать программы для детей с аутизмом.

Через три года после рождения Эмбер в семье появился кареглазый мальчуган. Сет был очаровашкой, но был ли он нормальным? Сердце Дарлин терзали сомнения. Я помню, как эта милая молодая женщина посмотрела на меня и сказала: «Линда, разве это плохо — хотеть ребенка без аутизма?»

После обследования Сета терапевт сказал: «Да, вполне возможно, что у Сета есть отклонения, но надо подождать и понаблюдать».

Как можно жить в такой неопределенности, с такой болью? «О Боже, а ЧТО ЕСЛИ Сет тоже аутист — смогу ли я это вынести? Как можно быть в неведении долгие месяцы? Как мне довериться Тебе в этом темном туннеле?» — стонало сердце Дарлин.

Много лет назад я прочла книгу Journey into the Whirlwind («Крутой маршрут») о русской женщине, которая провела в заключении тринадцать лет (шесть лет в одиночной камере) во время сталинского режима. В чем она провинилась? Она была учительницей. Я была потрясена фразой из ее книги, которую выписала и храню у себя. Она сказала, что тяжелее всего были не ужасные страдания многолетнего заключения, а три недели ожидания перед арестом. Неопределенность и тревога, в которой находилась она и ее семья, были пыткой. «Чем объяснить это? Тем ли, что ожидание неотвратимой беды хуже, чем сама беда?» [51].

Ожидание ЧТО ЕСЛИ, ожидание того, что может случиться, заставляет отчаянно биться даже самые невозмутимые сердца. Как справлялась Дарлин с этим страшным ЧТО ЕСЛИ в отношении ее сына? Что делать нам с этими ЧТО ЕСЛИ, когда Бог допускает их в нашей жизни?

Пусть Господь будет вашим упованием

Бог давал Дарлин новые и глубокие уроки доверия Ему. Он учил именя. Когда я боролась с беспокойством из-за болезни Робин, Бог запечатлел в моем сердце слова из Иеремии 17:5–8:

> 99 *Так говорит Господь: проклят человек, который надеется на человека и плоть делает своею опорою, и которого сердце удаляется от Господа. Он будет как вереск в пустыне и не увидит, когда придет доброе, и поселится в местах знойных в степи,*

---

51 Eugenia Semyonovna Ginzburg, *Journey into the Whirlwind* (New York: Harcourt, 1975), 16.

на земле бесплодной, необитаемой. Благословен человек, который надеется на Господа, и которого упование — Господь. Ибо он будет как дерево, посаженное при водах и пускающее корни свои у потока; не знает оно, когда приходит зной; лист его зелен, и во время засухи оно не боится и не перестает приносить плод.

Это место Писания показывает нам разницу между человеком, надеющимся на себя, и человеком, который не просто надеется на Господа, а полностью Ему доверяет.

Сначала давайте посмотрим на женщину, которая делает своей опорой плоть. Конечно же, это не про меня и не про вас! Мы доверяем Богу! Или нет? Когда мы переходим к контролированию, стратегиям, собственному разуму и манипуляциям, мы опираемся на себя. Вместо того чтобы отдать свои беспокойные сердца Богу, мы боремся с неопределенностью ЧТО ЕСЛИ в своей жизни с помощью какой-то из перечисленных тактик, чтобы «помочь Богу». Ожидание невыносимо, оно очень болезненно, а Бог действует весьма медленно.

Что в итоге? Провал. Мы становимся как вереск в пустыне: духовные карлики с унылым, сухим и безжизненным видом. Наши сердца становятся пустыней, и далека от нас отрада сердца, находящегося в общении с Богом. Мы думаем о том, как бы получить желаемое, а не о том, как нам довериться.

Для сравнения поговорим о женщине, которая полагается на Господа. Такая женщина полна жизни и изобилует миром. Глаза ее устремлены на ее великого Господа и поэтому даже в засушливый год она свежа и продолжает приносить плод. Какая славная картина! Зеленые листья в засуху? Никакого беспокойства? Именно в этом мы нуждаемся!

В течение трехлетней засухи, которую Бог допустил в моей жизни, эти слова из Иеремии стали моей молитвой:

О, Боже, Ты знаешь, что я стремлюсь все контролировать и помогать Тебе. Я знаю, что именно эта «помощь» приводит к беспокойству. Прости меня. Я не хочу надеяться на свои силы, на свои стратегии. Я не хочу контролировать или манипулировать. Боже, пожалуйста, научи меня не просто доверять Тебе, а полагаться на Тебя во всем. Я жажду стать той благословенной женщиной, корни которой питаются Твоей водой. Когда накал испытаний будет расти, я хочу доверять, а не бояться, быть довольной, а не беспокойной. Пожалуйста, пусть мой взор от Тебя не отрывается, чтобы листья мои оставались зелеными, и я приносила плод посреди всех этих ЧТО ЕСЛИ.

Ответил ли Бог на мольбу моего его сердца? Да. Оставались ли мои листья зелеными? Да. Я помню, как шла на библейскую группу, ощущая такую слабость, что едва могла говорить, но, возвращаясь с домой, ликовала, что Богу потребил меня в служении.

Вспоминая те три года засухи, я склоняюсь перед Ним в благоговении. За то время мое познание Бога очень сильно углубилось.

Уровень нашего доверия

Когда в нашу жизнь приходят ЧТО ЕСЛИ, зададим себе вопрос: будем ли мы судить Бога по обстоятельствам, которых не понимаем, или будем судить об этих обстоятельствах в свете характера Божьего?

В Исаие 41:10 провозглашается:

> *Не бойся, ибо Я с тобою; не смущайся, ибо Я Бог твой; Я укреплю тебя, и помогу тебе, и поддержу тебя десницею правды Моей.*

Мы можем довериться Богу только тогда, когда фокусируемся на Нем, а не на наших обстоятельствах.

Псалом 140:8 побуждает нас обратить взор к Господу и искать убежище в Нем. Псалом 111:7 говорит:

> *Не убоится худой молвы: сердце его твердо, уповая на Господа.*

Только когда наши сердца обращены к нашему суверенному, любящему Господу, мы сможем пребывать в мире, забыв про ЧТО ЕСЛИ. Как прекрасно иметь гарантию, что, как только мы обращаем свое сердце к Господу, Господь сразу начинает его поддерживать!

Возможно, вы читали эти стихи или даже учили наизусть. Но позвольте спросить: вы действительно доверяете Богу? В этом вопросе можно интонацией выделить два различных слова. Первый вариант: «Можете ли вы довериться Богу?» Можете ли положиться на Него в трудные времена? Второй также крайне важен: «Можете ли вы довериться Богу?» Имеете ли вы с Ним такие взаимоотношения и есть ли у вас такое доверие к Нему, которое позволяет вам не сомневаться, что Он с вами в ваших тревогах, даже когда нет никаких свидетельств Его присутствия и Его могущества? Помните: довольство происходит от правильных отношений с Богом, а не от реакции на обстоятельства. Наши ЧТО ЕСЛИ направят нас либо к Богу и вере, либо к беспокойству и упованию на себя. Бог дает мир и довольство; беспокойство приносит болезнь и страдания.

Игра с Богом в мяч

Ценные для меня вещи я не отдаю, кому попало. Прежде чем я отдам Богу объекты своего беспокойства, мне нужно поверить, что Он понимает мою проблему и уладит ее. Я должна верить, что Он управляет всем — Он благословенный Владыка всего. Билл Халл пишет в своей книге Anxious for Nothing («Ничем не обеспокоенный»):

> *Если Он контролирует не все, и в воздухе болтается много свободных концов, а я один из этих свободных концов, тогда беспокойство мне не побороть [52].*

Сможете ли вы благодарить Бога за то, что все под Его контролем, и что Он управляет всем? Ваш ответ будет свидетельствовать об уровне вашего доверия.

Большинство христиан поначалу доверяет Богу свои проблемы. А потом начинаются сомнения: «Знает ли Бог, что у Сета, возможно, аутизм? Знает ли Бог, что моя дочь больна и борется за свою жизнь? Знает ли Бог, что у меня, может быть, рак? Знает ли Бог, что моему ребенку предлагают наркотики?»

Тогда мы начинаем играть с Богом в мячик: «Ох, Господи! Ты можешь ее уронить, верни ее мне, и я буду о ней беспокоиться. Это уж точно поможет». Уровень нашего доверия нужно повысить, если мы хотим узнать секрет довольства. Передайте мяч Богу, и пусть он там останется. Хватить играть в мяч.

Собираетесь ли вы судить о Боге по обстоятельствам, которых не понимаете, или будете судить об обстоятельствах в свете характера Божьего?

---

[52] Bill Hull, *Anxious for Nothing* (Old Tappan, NJ: Revell, 1987), 86.

Дилемма Дарлин

Давайте вернемся к Дарлин и ее бесчисленным вопросам. ЧТО ЕСЛИ Сет страдает аутизмом? ЧТО ЕСЛИ он болен еще чем-то? ЧТО ЕСЛИ... Дарлин было очень трудно доверить Сета Богу, но она приняла решение. Она сказала: «Линда, цель моей жизни прославлять Бога. Если Он считает, что лучше всего я прославлю Его, имея на руках двух детей, нуждающихся в особой заботе, тогда я принимаю Его волю».

Я возвращалась после разговора с Дарлин, впечатленная ее готовностью доверить свое самое страшное ЧТО ЕСЛИ Богу. Я вспомнила цитату, которая очень точно ее описывала:

> *В страхе и опасениях никогда не обращайтесь к прошлому, а в беспокойстве и прогнозах никогда не заглядывайте в будущее; просто лежите тихонько под Его рукой, положившись на Его волю [53].*

Дарлин решила довериться Богу, хотя и не понимала, хотя ей не хотелось этого делать и хотя она не видела, что делал Бог. Усилия, которые Дарлин приложила на практике, помогли ей победить самое страшное ЧТО ЕСЛИ. Она сделала следующее: «Во-первых, я спросила себя, что для меня страшнее всего? Ответ был, что Сет тоже аутист. Затем я спросила себя, могу ли я доверить Богу это страшное ЧТО ЕСЛИ? Останется ли при этом Бог Богом, останется Он суверенным Владыкой? Останется Он при этом любящим и благим? И я ответила: да. Обдумав мое худшее ЧТО ЕСЛИ, я решила возложить это тяжелое переживание на Господа.

---

[53] H. E. Manning, quoted by Elisabeth Elliot, *Keep a Quiet Heart* (Ann Arbor, MI: Vine Books, 1995), 147.

Я знала, что Он заботится обо мне. Потом я попросила Бога дать мне силы для сегодняшнего дня, только для сегодняшнего, и оставить страхи и тревоги завтрашнего дня Ему».

Точно такие же шаги освободили Уиллиса Кэрриера, гениального инженера, который запустил индустрию кондиционирования воздуха. Когда Кэрриер был совсем молод, ему поручили работу, которая казалась невыполнимой. Он был в таком отчаянии, что не мог спать. «Мои переживания меня никуда не вели, поэтому я придумал способ, как решить проблему без переживаний».

Процесс состоял из трех шагов:

- Спросите себя: «Что самое страшное из того, что может произойти?»
- Смиритесь с тем, что это возможно.
- Подумайте, как можно минимизировать вероятность худшего исхода [54].

Уиллис Кэрриер сказал, что после того, как он увидел худшее, что может произойти (компания потеряет деньги, и его уволят с работы), и смирился с такой возможностью, произошло очень важный момент. Он расслабился и почувствовал умиротворение, чего с ним не было много дней. С этого момента он спокойно посвятил свое время и силы, стараясь исправить худшее ЧТО ЕСЛИ [55].

Что в результате? Он решил проблему и вместо убытков компания получила прибыль!

---

[54] Dale Carnegie, *How to Stop Worrying and Start Living* (New York: Pocket Books, 2004), 20.
[55] Carnegie, *How to Stop Worrying*, chap. 2.

Когда я прочитала его план из трех шагов, как противостоять худшему ЧТО ЕСЛИ, то подумала: «Неплохой план, но можно ли назвать его библейским?» Изучая Священное Писание, я пришла к убеждению, что многие люди в Библии поступали именно так, как предложил Кэрриер. Апостол Павел говорил, что каждый день смотрит в лицо смерти. Он знал худшее, что могли сделать с ним его враги, и говорил: «Ибо для меня жизнь — Христос, и смерть — приобретение» (Фил. 1:21). Так он смог смело провозглашать Евангелие. Он встретился с худшим и сказал себе: «Это приобретение», и поэтому продолжил проповедовать.

Царица Есфирь — это пример из Ветхого Завета. Она знала, что если придет к царю со своей просьбой отменить повеление об истреблении всех евреев, то может умереть. Она сказала: «Если погибнуть — погибну» (Есф. 4:16). Она допустила возможность смерти, отдала свою ситуацию Богу и после этого смогла продумать план, как предотвратить такой исход.

Самое страшное ЧТО ЕСЛИ Шарлотты

Моя подруга Шарлотта обнаружила у себя в груди шишку. Она спросила себя: «Что хуже всего из того, что может быть?» Первое, о чем она подумала, — это мастэктомия. Потом она решила: «Нет, самое худшее — это смерть». Поэтому Шарлотта приготовилась умереть, если это угодно Богу. Она спросила себя: «Могу ли я принять ампутацию груди? Да. Могу ли я смириться со смертью? Могу ли я верить, что Бог — это блаженный, любящий Владыка в этой ситуации? Да».

Шарлотте удалили грудь. Она знала, что рак может вернуться, и что все может закончиться смертью, но была спокойна. Жить — значит видеть своих внуков и стареть вместе с любимым мужем. Умереть — значит водвориться у Христа. В спокойствии она смогла сделать все, что от нее зависело—согласитьсянаоперацию,придерживатьсястрогой диеты, делать упражнения и отдыхать. Шарлотта поражала меня своей дисциплинированностью. Допустим, гуляя по магазинамГонконга,мынатыкалисьнапотрясающиескидки, но тут она бросала взгляд на часы и говорила: «Линда, мне пора вздремнуть. Я пошла». Днем она должна была поспать. Она неукоснительно исполняла все, что требовалось от нее, оставив ЧТО ЕСЛИ Богу.

Мое глупое ЧТО ЕСЛИ

ЧТО ЕСЛИ Дарлин и Шарлотты были очень тревожными: второйребенок-аутистирак.Ноесливыпохожинаменя,то иногда нас атакуют очень глупые ЧТО ЕСЛИ. Мне стыдно рассказыватьвамосвоемЧТОЕСЛИ,норазужястаралась быть честной и открытой до сего момента, то продолжу.

Через пятьднейя должна была ехать в Вирджинию, чтобы говорить на выездномженскомсеминаре. Итутмне позвонили и сообщили, что передсеминаромуменя возьмутинтервью для передачи о том, как быть довольной. Прекрасная возможность, но вот незадача: у меня на носу вскочил огромный прыщ. ЧТО ЕСЛИ он не пройдет до пятницы? Как это будет выглядеть по телевизору? От этой мысли я содрогнулась!

Несколько раз в день я смотрела в зеркало, чтобы понять, какпрогрессируетмойпрыщ.Есливаскогда-нибудьпоявлялся прыщ, то вы знаете, что торопить его бесполезно. В конце концов я прочла себе такую лекцию: «Линда, это глупо! Ты убиваешьдрагоценноевремя,переживаяосвоейвнешности».

Я спросила себя: «Какое твое самое страшное ЧТО ЕСЛИ? То, что этот противный прыщ будет красоваться на моем носу во время съемки. Могу ли я смириться с этим? Конечно». Я посмеялась над собой и сказала Господу, что к зеркалу больше не подойду. Все, что я говорила о практических способах борьбы с нашими ЧТО ЕСЛИ, прекрасно обобщает «Молитва о спокойствии».

> *Боже, дай мне спокойно принять то, что я не могу изменить, мужество, чтобы изменить то, что в моих силах, и мудрость, чтобы отличить одно от другого, живя сегодняшним днем, наслаждаясь каждой минутой, принимая трудности, как путь к спокойствию, принимая, по примеру Иисуса, этот греховный мир таким, какой он есть, а не как мне хочется; дай мне верить, что Ты сделаешь все правильно, если я подчинюсь Твоей воле, чтобы быть относительно счастливой в этой жизни и совершенно счастливой с Тобой в вечности [56].*

А какие серьезные ЧТО ЕСЛИ у вас? Какие у вас глупые ЧТО ЕСЛИ? Готовы ли вы остановить игру в мяч с Богом, чтобы отдать все заботы Ему и оставить их там?

Отец Небесный, я духовно калечила себя, мучаясь своими ЧТО ЕСЛИ. Я признаю, что слишком часто полагалась на свои силы и стратегии. Ты сказал, что блаженны те люди, сила которых в Тебе. Я очень хочу быть такой «блаженной», которая во всем полагается на Тебя, Господь.

---

[56] Reinhold Niebuhr, quoted in *Ageless Inspirations: A Timeless Collection of Treasured Classics*, compiled by Ellie Busha (Ventura, CA: Evergreen Communications, Inc., 1990), 31.

ГЛАВА 9

Доверьте Богу свои ЕСЛИ БЫ

История Корнелии

В мрачные годы коммунистической диктатуры в Румынии мы были свидетелями страданий своих друзей, Талоша и Корнелии. Что привело их к таким страданиям? Талоша преследовали зато, что он был человеком Божьим. Когда его избрали на высокий пост в баптистском союзе, коммунисты не признали его назначение. Тогда смелые баптисты просто избрали его снова.

После его переизбрания, к большому удивлению Корнелии и Талоша, румынская тайная полиция пригласила его на изысканный обед для «дружеской беседы». Наши друзья никогда не слыхали о подобных встречах. С какой же целью ее устроили? Через несколько дней после этого обеда Талош заболел, у него начался легкий кашель и боли в легких. Поскольку его состояние все время ухудшалось, семья забила тревогу. Когда Талош не смог встать с постели, они поняли, что он умирает. Врачи ничего не могли сказать, и поэтому знакомые братья послали в Румынию американского доктора, чтобы тот обследовал Талоша. Диагноз был таким: дрожжевая инфекция в легких, которой тайная полиция инфицировала его во время «дружеского обеда». Они отравили Талоша медленно действующим ядом!

Корнелия молилась, упорно стучась в небесные врата. «ЕСЛИ БЫ он отказался пойти на тот обед. ЕСЛИ БЫ американский доктор приехал раньше. Я не понимаю, Господи! Мой муж любит Тебя — он служит Тебе. Так тяжело видеть его мучения; я постоянно перевожу свой взор с Тебя на обстоятельства. Научи меня доверяться Тебе».

Бог любит отвечать на такие молитвы, и со временем упование Корнелии на Господа укреплялось, когда она сильнее и сильнее доверялась своему Создателю. Благодарение Богу, доктор смог передать антидот, и Талош постепенно поправился. Но это испытание было лишь одним из многих, которые ему пришлось пережить. Тем не менее все, кто знал Корнелию в те годы переживаний, изумлялись спокойствию, которое отражалось на ее лице — спокойствию, источником которого было доверие Богу.

Позвольте мне рассказать вам старую португальскую сказку.

Жил да был в маленьком селении один старик. Он был беден, но все ему завидовали из-за его прекрасного белого коня. Даже король хотел завладеть его сокровищем. Люди предлагали за скакуна огромные деньги, но старик всегда отказывал. «Для меня это не просто конь», — отвечал он им, — «он для меня друг. Он для меня не имущество. Как можно продать друга?» Старик был беден, а соблазн велик, но он так и не продал коня.

Однажды утром жеребца не оказалось в стойле. Вся деревня собралась к старику. «Ты старый глупец», — насмехались они, — «мы говорили тебе, что кто-нибудь украдет твоего коня. Ты беден, как же ты надеялся сохранить такого дорогого скакуна? Лучше бы ты его тогда продал. Ты бы смог получить любую цену. А теперь коня нет, и осталось тебе только горевать о своем несчастье».

Старик ответил: «Не спешите с выводами. Ясно только, что коня нет в стойле. Это все, что мы знаем, а остальное — предположения. Откуда вы знаете, что меня постигло несчастье? Как вы можете об этом судить?»

Люди не сдавались: «Не выставляй нас дураками! Может мы и не философы, но тут не нужно философствовать, чтобы понять, что здесь произошло. Твоего коня нет, и для тебя это несчастье».

Старик заговорил снова: «Я знаю только, что стойло пусто и коня нет. Остальное мне не известно. Беда это или благословение, сказать не могу. Мы видим только часть. Кто может сказать, что будет потом?»

Жители деревни смеялись. Они всегда считали старика глупцом; иначе он продал бы коня и жил бы припеваючи. Вместо этого, он заготавливал и продавал дрова, кое-как перебиваясь в постоянной нужде. Теперь же он доказал, что и правда глупец.

Через две недели конь вернулся. Его не украли, он убежал в лес. Причем вернулся он не один, а привел за собой еще дюжину диких лошадей.

И снова жители деревни собрались вокруг дровосека и говорили: «Старик, ты был прав, а мы ошибались. Мы перепутали удачу с несчастьем. Прости нас».

Он ответил: «Снова вы делаете вывод. Ясно только, что конь вернулся. Ясно еще, что дюжина коней пришла вместе с ним, а судить рано. Откуда вам знать, что это благословение? Вы видите только часть. Пока вы не знаете всего, как можно судить? Прочитав одну страницу, как можно судить обо всей книге? У вас же только часть! Не говорите, что это удача. Никто не знает. Я довольствуюсь тем, что знаю. Неизвестное меня не беспокоит».

«Возможно, старик и прав», — сказали они. Но в глубине души продолжали считать, что он ошибается. Они знали, что это благословение. Конь привел двенадцать диких лошадей. Немного постараться, и животных можно укротить, обучить и продать за большие деньги.

У старика был сын, его единственный сын. Молодой человек начал объезжать диких коней. Через несколько дней он упал с одного из них и сломал обе ноги. И снова жители деревни собрались вокруг старика и стали высказывать свои суждения.

«Ты был прав», — сказали они, — «двенадцать коней были не благословением, а проклятием. Твой единственный сын сломал обе ноги, и теперь ты, старый, остался без помощника. Теперь ты стал несчастнее, чем раньше».

И снова старик ответил: «Не торопитесь в своих суждениях. Ясно только, что мой сын сломал обе ноги. Кто знает, благословение это или проклятие? Никто не знает. Мы видим лишь часть целого».

Через несколько недель их страна вступила в войну с соседним государством. Всех молодых людей из деревни призвали в армию. Не взяли только сына старика, потому что он был инвалид. Враг был силен, и люди боялись, что никогда больше не увидят своих сыновей. Снова они собрались вокруг старика и плакали, потому что их сыновей послали на войну. «Ты был прав, старик», — со слезами говорили они, — «Бог знает, что ты был прав. Вот и доказательство. Несчастный случай с твоим сыном был благословением. Пусть у него сломаны ноги, но, по крайней мере, он с тобой. А наши сыновья ушли навсегда».

Тогда старик ответил им: «Почему вы так решили? Никто не знает. Можно сказать только одно: ваши сыновья пошли на войну, а мой нет. Ни у кого нет мудрости, чтобы понять, благословение это или проклятие. Это знает только Бог»[57].

Старый дровосек довольствовался тем, что знал, и не смущался от того, чего не понимал. Эпиктет сказал: «Меня всегда устраивает то, что происходит, поскольку думаю, что избираемое Богом лучше того, что выбираю я»[58].

Чтобы обрести покой в трудное время и во время неопределенности, нужно принять свою ситуацию, как допущенную в нашей жизни любящим Богом с определенной целью. Для большинства из нас это начинается с решения не поддаваться болезни ЕСЛИ БЫ.

Как не поддаваться ЕСЛИ БЫ

Джим решил не поддаваться болезни ЕСЛИ БЫ, хотя искушения были постоянно. Джим и его семья оставили все, чтобы поехать в Африку миссионерами. Там он заразился вирусом, похожим на синдром хронической усталости. Он болел много лет, и несколько лет был прикован

---

[57] Max Lucado, *In the Eye of the Storm* (Dallas: Word, 1991), 144–47.
[58] *A Selection of the Discourses of Epictetus with the Encheiridion,* trans. George Long (Frankfurt: Outlook Verlag DmbH, 2018), 94.

к постели. Его консультировали тридцать пять докторов с трех континентов, но лечения не нашли, и поэтому трудиться он мог лишь ограниченное время.

Однажды летом нас посетила эта дорогая семья. Пока Лоис с девочками гуляли по Колорадо Спрингс, Джим оставался у нас дома и читал. Иногда он присоединялся к нам, но подняться по лестнице он мог только раз в день и поэтому берег силы. И это после двенадцати лет мучений. Казалось бы, этого мужчину должны характеризовать ожесточенность, жалость к себе, раздражительность и гнев. Но я увидела совсем другое. Физическая болезнь не заставила его думать: ах, ЕСЛИ БЫ мы не поехали в Африку. Он смирился с тем, что допустил Бог. Лоис рассказала мне, что однажды спросила Джима (он в то время был прикован к постели): «Тебе когда-нибудь было себя жаль?» Он ответил: «Жалость к себе отбирает слишком много сил. А я не могу тратить силы понапрасну».

Сколько времени мы тратим, жалея себя в таких размышлениях: «А ЕСЛИ БЫ моя ситуация была другой?» Джим не позволял себе растрачиваться на ЕСЛИ БЫ. Он смирился с тем, что Бог допустил в его жизни.

В замечательной книге Green Leaf in Drought («Зеленый лист во время засухи») есть сага о ЕСЛИ БЫ. Когда коммунисты приказали всем миссионерам покинуть Китай, Артур и Вильма Мэттьюс как раз были в отдаленной части страны и не смогли уехать. Все их коллеги смогли покинуть страну и ЕСЛИ БЫ закралось в их сердце и разум. ЕСЛИ БЫ не пришло письмо с приглашением служить здесь. ЕСЛИ БЫ Артур не подписал петицию о мире во всем мире, озлобившую власти. ЕСЛИ БЫ...

Вильма так расстроилась из-за этой ситуации, ее так парализовали ЕСЛИ БЫ, что на Пасху она не смогла петь гимн «Воскресшему служу я». Ей казалось, что Господь их бросил. Однажды, сидя на своей мрачной кухне, она открыла брошюру А. Б. Симпсона, «ЕСЛИ в вашей жизни». Она прочла рассказ о смерти Лазаря и о том, как Марфа упрекнула Иисуса: «Господи, если бы только Ты был здесь, мой брат не умер бы» (Иоан. 11:21). А Иисус мог бы оказаться там; Он недалеко. Он все знал, и Он позволил Лазарю умереть.

Вильма осознала великую истину: ЕСЛИ присутствует в жизни каждого — это то, что Бог мог бы сделать иначе, если бы Ему это было угодно. Он может все, и однако Он часто допускает, чтобы было ЕСЛИ. Бог захотел, чтобы Его ЕСЛИ встретилось с ЕСЛИ Вильмы, как это произошло и с Марфой. Иисус ответил Марфе: «Не сказал ли Я тебе, что, если будешь веровать, увидишь славу Божию?» (Иоан. 11:40). Марфа хотела, чтобы Лазарь избежал смерти; Христос хотел, чтобы Лазарь восторжествовал над смертью [59].

Два года спустя семье Мэттьюс позволили уехать из Китая. Несмотря на суровые испытания и ужасные обстоятельства, они решили не думать о ЕСЛИ БЫ, а вместо этого направили мысли к Своему Любящему Отцу и Владыке. В итоге они обрели душевный покой, и Бог прославился.

Мы духовно калечим себя, если снова и снова возвращаемся к ЕСЛИ БЫ. Мы подхватываем «заразу» ЕСЛИ БЫ, когда думаем о том, чего у нас нет, вместо того чтобы думать о том, что есть. Мы не находим удовольствия в том, что Бог уже нам дал. Поддавшись этой болезни, мы теряем перспективу.

---

[59] Isobel Kuhn, *Green Leaf in Drought: The Story of the Escape of the Last* C.I.M. Missionaries from Communist China (Littleton, CO: OMF International, 2012), 40–42.

Вспомните израильский народ:

> *И пришли сыны Израилевы, все общество, в пустыню Син в первый месяц, и остановился народ в Кадесе, и умерла там Мариам и погребена там. И не было воды для общества, и собрались они против Моисея и Аарона; и возроптал народ на Моисея и сказал: о, если бы умерли тогда и мы, когда умерли братья наши пред Господом! Зачем вы привели общество Господне в эту пустыню, чтобы умереть здесь нам и скоту нашему? И для чего вывели вы нас из Египта, чтобы привести нас на это негодное место, где нельзя сеять, нет ни смоковниц, ни винограда, ни гранатовых яблок, ни даже воды для питья? (Числ. 20:1–5).*

У израильтян возникла проблема: отсутствие воды. (Обычно болезнь ЕСЛИ БЫ начинается с реальной проблемы.) Вместо того чтобы обратиться к Богу, они сфокусировались на проблеме. Это привело к нерациональному мышлению. Они потеряли перспективу и начали с тоской оглядываться на Египет. В это сложно поверить! Они ненавидели Египет, когда жили там. Их как рабов заставляли там делать кирпичи, не давая соломы, и они пережили там много разных бед (Исх. 5:7).

Когда израильтяне задумались о том, чего не имели, их единственная проблема разрослась в длинный список претензий. «ЕСЛИ БЫ мы вернулись в Египет. ЕСЛИ БЫ у нас был виноград, смоквы и другие вкусные вещи. Манна уже приелась».

В конце своего списка они наконец указали реальную проблему: «ни даже воды для питья».

Мне легко понять этот процесс умножения претензий. Мой разум — дока в том, как выдувать из одной проблемы такое множество, что этими шарами можно украсить вечеринку сожаления. Именно этим занимались израильтяне. Их претензии сыпались как конфетти.

Это был тот же народ, который видел десять казней египетских и был очевидцем великого чуда, когда расступилось Красное море. Когда у них не было пищи, Бог питал их, посылая манну. День за днем в течение сорока лет еврейские хозяйки собирали хлеб ангельский. Разве у них не было повода для радости, что не надо покупать, готовить, чистить? Однако в своем неверии они роптали, что нет воды. Они совершенно забыли о Божьей верности.

Разумеется, потребность в воде вызывала у них законную обеспокоенность, но израильтяне смотрели на проблему, а не на Того, Кто ее разрешит. Если Бог смог заставить воды Красного моря расступиться, то, конечно, Он смог бы снабдить их питьевой водой. Но их взгляд был прикован к проблеме, а не к Богу, творящему чудеса.

Книга Чисел 20:12 рассказывает, как Бог ответил на постоянный ропот: Моисей и Аарон не введут этот народ в землю обетованную. Почему?

> И сказал Господь Моисею и Аарону: за то, что вы не поверили Мне, чтобы явить святость Мою пред очами сынов Израилевых, не введете вы народа сего в землю, которую Я даю ему.

Бог серьезно относится к нашей вере. Он хочет, чтобы мы доверяли Ему вне зависимости от нашей ситуации, вне зависимости от нашей доли. Это стало тяжелым испытанием для моей подруги Дарлы.

Принимая свою долю от Бога

Несколько лет назад я получила от Дарлы такое письмо.

Наш роман был похож на сказку. Роб был человеком, которого Бог предназначил для меня, и я знала, что наш брак будет вечным. Мы знали друг друга с детства, и наша чудесная дружба расцвела в прекрасный роман.

Жестокая реальность убила наше «жили долго и счастливо» четырнадцать лет назад. Я застала Роба в нашей постели с общей знакомой. В английском языке нет слов, чтобы выразить мою печаль, боль и опустошенность. Для меня все кончилось, когда я смотрела на своего мужа с моей подругой в нашей постели. Оказалось, что мой верующий в Христа муж также верил в прелюбодеяние.

Когда Роб попросил прощения, обещая, что это никогда не повторится, я простила его, поверила, что наш брак может восстановиться и даже стать крепче. Я знала, что нашим мальчикам нужен отец, и я все еще его любила и нуждалась в нем.

Следующие годы были для меня американскими горками. Второе имя Роба «обаяние». Он непревзойденный лгун, и я ему верила.

Год назад я снова обнаружила, что он в отношениях с другой женщиной, и попросила его переехать. Меня захлестнули смятение и стыд. Теперь об этом узнают все, включая наших сыновей. Мы оба были активными членами церкви, проводили библейские занятия и наставляли других. Какое христианское свидетельство увидят в нас люди?

Я потеряла опору в жизни и стала одинокой матерью с двумя ранимыми и грубыми подростками, которых нужно было растить настоящими мужчинами. Я была совсем одинока; я потеряла контроль над своей жизнью. Иногда я впадала в оцепенение, все было как в тумане, и я не могла выполнять самые простые задачи. Я держалась за Бога изо всех сил, все время задавая Ему множество вопросов: «ЕСЛИ БЫ эти семейные проблемы исчезли! Как это может быть Твоей волей, что мы развелись, если Ты ненавидишь развод? Ты всемогущий; почему Ты не изменишь Роба?»

Конец моего любовного романа все еще для меня в тумане. Я не знаю, почему Бог допустил такое в нашем браке, но Он многому меня научил. Я поняла, что несу ответственность только за себя. Я не могу принимать решения за своего мужа; это может только он. Я готова принять все, что уготовал мне Бог: и одиночество, и примирение.

Недавно я получила еще одно письмо от Дарлы и поразилась ее зрелости. Она писала: «Я стараюсь научиться покорности и согласию с Божьей волей в мельчайших деталях своей жизни. Я не хочу больше тратить свою жизнь на грусть и печаль из-за ситуации с мужем». Дарла решила доверить Богу свою долю.

Хотя я никогда не была на месте Дарлы, я тоже не хотела принять свою долю. Часть этого моей доли от Бога в том, что сейчас я еженедельно посещаю мануального терапевта и массажиста. Поскольку мы живем за городом, каждый визит отнимает от двух до трех часов. Я не планировала, чтобы в мою машину врезались, и чтобы я получила травму шеи, но таков был мой удел. Бог допустил эту аварию, поэтому я могу либо смириться с дискомфортом и изменением графика, либо ворчать и ухудшать свое состояние. Но это ничто. Как можно сравнивать травму шеи со страданиями Джима, смертью ребенка, неверностью мужа и тяжкими ежедневными мучениями многих людей? Это ерунда. Это мелочь. Да, мелочь — однако эта «мелочь» нарушила мою жизнь. Часто именно «мелочи» заставляют нас роптать и проявлять недовольство.

Умиротворение приходит через принятие.

Помни о делах Господних

Мы сможем справиться со всякой болью, которую Бог допускает в нашу жизнь, если будем помнить о том, Кто такой Бог и что Он совершил в прошлом. Когда ЕСЛИ БЫ наводняют мои мысли, когда в сердце заползает тоска, я обращаюсь к одному из моих любимых псалмов. Именно через него Бог снова и снова меня ободряет.

Прочтите Псалом 76 и вслушайтесь в пропитанные болью слова псалмопевца:

> *Душа моя отказывается от утешения. Вспоминаю о Боге и трепещу; ...Неужели навсегда отринул Господь, и не будет более благоволить? неужели навсегда перестала милость Его... (Пс. 76:2–4, 8–9).*

Эти вопросы похожи на мои. Но послушайте, как отчаяние псалмопевца сменяется хвалой.

> *Буду вспоминать о делах Господа;*
> *буду вспоминать о чудесах Твоих древних;*
> *буду вникать во все дела Твои,*

размышлять о великих Твоих деяниях.
Ты — Бог, творящий чудеса;
Ты явил могущество Свое среди народов.

Пс. 76:12–14

Я буду вспоминать. Это ключ к доверию Богу. Как много раз ночами я вставала с постели, брала бумагу и ручку и заставляла себя вспомнить, что Бог сделал в прошлом, вспомнить Его верность ко мне. Когда я перечисляю все, что Бог сделал в прошлом, это помогает мне доверять Ему в настоящем.

Одной такой темной ночью я записала в своем дневнике:

Время 1:00 ночи; я не нахожу себе места, моя душа мечется — мой разум в огне от всех этих ЕСЛИ БЫ, ЧТО ЕСЛИ и ПОЧЕМУ. Кажется, что я сейчас взорвусь. Я обращаюсь к Слову Твоему и читаю: «Что унываешь ты, душа моя, и что смущаешься?» Мне нравится старый перевод этого стиха: «Что поникла ты, о моя душа, и так трепещешь во мне?» Это обо мне — о поникшей душе. Я читаю: «Уповай на Бога, ибо я буду еще славить Его, Спасителя моего и Бога моего» [60].

Я знаю, мне нужно идти к Богу и верить Его словам — я знаю, что не должна прислушиваться к своим чувствам.

Но моя душа снова унывает, разум снова цепляется за проблему, вместо того чтобы обращаться к живому Богу. Мне хочется плакать. О чем бы я ни пыталась

---

[60] Псалом 41:6.

думать, мысли возвращаются к боли. «О Господи! душа моя поникла, привлеки мой взор к Себе и Твоей верности».

Я буду вспоминать Твои дела в прошлом, Твою верность. Я знаю, что единственный способ запомнить Твою верность — это все перечислить. Я составлю список, который поможет мне не забывать.

Эндрю Мюррей сделал список «для памяти». В его списке мрачные дни и мрачные ночи рассматриваются в перспективе. В 1895 году он был в Англии, страдая от «ужасной боли в спине — результат травмы, перенесенной несколькими годами ранее».

Однажды утром, когда Мюррей завтракал у себя в комнате, его хозяйка рассказала ему о соседке этажом ниже, у которой были большие проблемы, и она хотела спросить у него совета. Мюррей передал ей свой список и сказал: «Дайте ей этот совет, который я составил для себя. Надеюсь, она найдет его полезным».

Вот что там было написано:

> *В трудные времена говорите: «Во-первых, меня сюда привел Господь. По Его воле я нахожусь в этом тесном месте; здесь я и успокоюсь». Далее: «Он сохранит меня здесь в Своей любви и даст мне благодать поступать достойно, как Его дитя». Потом скажите: «Он превратит эту трудность в благословение, преподавая мне уроки, в которых я нуждаюсь, и производя во мне благодать, которую хочет мне даровать». И наконец, скажите: «Когда Ему будет угодно, Он выведет меня отсюда. Как и когда, известно лишь Ему». Поэтому говорите так: «Я здесь*

(1) по Божьему определению, (2) под Его заботой, (3) у Него на обучении, (4) столько, сколько Ему угодно» [61].

Эндрю Мюррей не фокусировался на проблеме и не говорил: «ЕСЛИ БЫ не эта боль». Он взирал только на Бога и на Его цели. Я запомнила эту цитату, чтобы всякий раз, когда в искушениях погружаюсь в болото ЕСЛИ БЫ, вспоминать о том, что надо идти со своими заботами к Тому, Кто их решает. Вместо того, чтобы заботиться и переживать, я приношу свою проблему Господу.

А какие ЕСЛИ БЫ у вас? Вознесите эту молитву и отдайте все ЕСЛИ БЫ Тому, Кто держит вас за руку, и в Чьей ладони находятся все ваши «если».

Отец Небесный, прости мой ропот. Я знаю, я поступила как израильский народ. Я очень хочу думать не о своих ЕСЛИ БЫ, а о Тебе. Сделай меня мудрой, как тот старый дровосек — довольствоваться тем, что я знаю, и не переживать о том, что мне неведомо.

---

61 Michael P. Green, *Illustrations for Biblical Preaching* (Grand Rapids, MI: Baker, 1982), 388, as quoted in David Jeremiah, *What to Do When You Don't Know What to Do* (Colorado Springs, CO: David C Cook, 2015), 35.

ГЛАВА 10

Доверьте Богу свои ПОЧЕМУ

История Моники

Глаза Моники опухли от слез. Она не могла перестать плакать. «Нет, Господи, не может быть! Почему, Боже? Мое сердце разрывается. Неужели Тебе угодно, чтобы я оставила моего сына здесь, в Китае? Господи, почему? Ты далеко мне — зачем же отнимаешь?».

Пятнадцать лет назад Моника и Кристоф усыновили двухгодовалого китайского мальчика и назвали его Жан-Поль. Он был сиротой, и кроме них у него никого не было. Он нуждался в них! Его вера еще не окрепла. Что с ним будет? С разрывающимся от боли материнским сердцем Моника опустилась перед Господом на колени и молилась: «О Боже, я не понимаю, что происходит, но я вверяю своего сына Тебе. Будь ему отцом, матерью, будь для него всем». Поскольку мальчик был из китайского народа, Моника вынуждена была оставить Жан-Поля в Китае, возвращаясь во Францию.

Это произошло в 1950 году, когда коммунисты изгнали всех миссионеров из Китая. В 1988 году мы с Джоди посещали Китай и, встретившись с Жан-Полем, узнали, что с ним произошло. После того, как его приемные родители были вынуждены уехать, он обрел настоящую любовь к Господу Иисусу Христу. Он женился, у него были дети, и он смело отстаивал веру в Христа. За веру его бросили в тюрьму на двадцать один год. Пока он был в заточении, коммунисты убедили его жену, что он предатель, и она с ним развелась. Больше он никогда не видел ни жену, ни детей.

Его разлучили со всеми, кого он любил, но Жан-Поль доверился Богу. Он стал странствующим учителем, служа тысячам в движении домашних церквей Китая. Когда мы встретились с ним, он скрывался от тайной полиции.

Жан-Поль мог бы бесконечно задаваться вопросом ПОЧЕМУ? Вместо этого он светился — нет другого слова, чтобы описать его лицо.

Моника так никогда и не увидела своего сына. Она умерла, не зная, как Бог ответил на ее молитвы. Я уверена, что сейчас на небесах она радуется.

Фрау Браун улыбалась, вручая мне договор — несколько страниц, напечатанных одинарным интервалом. С трудом разбирая немецкие слова, я думала: «Это немыслимо». Нам ведь сказали, когда мы снимали квартиру, что договор подписывать не потребуется, что герр и фрау Браун любят подростков. Теперь же, когда мы всей семьей сорвались из Вены и двенадцать часов ехали в этот маленький немецкий городок, обнаружилось, что нужно подписывать договор.

Вот некоторые из условий:

- Если вы поете «С днем рождения тебя!», нельзя петь слишком громко или слишком долго.

- Если вы используете швейную машинку, то переключите ее на самый низкий уровень шума. (Поскольку шитье стоит последним в списке моей деятельности, я даже не знала, что в швейных машинках есть разные уровни шума.)
- Запрещено слишком часто принимать гостей.

Условия договора были расписаны на четырех страницах. Серьезно? Неужели при съеме жилья собственник определяет ваш образ жизни?

Понятно, что присутствие подростков смутило Браунов, и они ожидали, что дети всегда будут вести себя тихо (это невозможно для моих творческих, веселых и шумных детей). Мы переехали в Германию, чтобы отдохнуть. Нас с Джоди очень утомили восемь лет путешествий и служения в Восточной Европе и России. Наши дети радовались, что будут учиться в христианской школе в этом маленьком городке. Полностью меблированная с тремя спальнями квартира Браунов казалась нам ответом на молитвы.

Этот договор был первым намеком, что впереди ждут трудные времена. Мы думали, что этот год будет беззаботной воскресной прогулкой. Вместо этого, у нас появились первые предчувствия, что мы едем на машине с неисправным рулевым управлением по кривой дорожке.

Кривое и прямое

Я предпочитаю «прямые» периоды жизни! Мне нравится, когда я вижу, как все вместе стыкуется. «Кривые» периоды сложны не только потому, что они кривые, но и потому что мы не видим, как действует Бог. В такие времена нужна вера.

Помните, что Бог всем управляет, даже когда мы этого не видим — просто нам кажется, что это нехорошо и небезопасно. Книга Екклесиаста побуждает нас радоваться, когда жизнь легка, и доверяться Богу, когда нет.

> *Смотри на действование Божие: ибо кто может выпрямить то, что Он сделал кривым? Во дни благополучия пользуйся благом, а во дни несчастия размышляй: то и другое соделал Бог для того, чтобы человек ничего не мог сказать против Него (Еккл. 7:13–14).*

Мирна Александер в своей прекрасной книге «Вот Бог твой» объясняет, что это означает:

> *Есть «кривизна», причина которой Бог, и «кривизна», которую творим мы сами, но Бог ее допускает. Мы совершаем ошибки, промахи, оплошности. Мы можем производить беспорядок и хаос, грустить и страдать, нарушая Божьи планы о том, как должна быть прожита наша жизнь. Однако Тот, Кто управляет всем, сказал о кажущейся «кривизне», той, которую Он сотворил, и о «кривизне», причина которой — мы сами: «Любящим Бога, призванным по Его изволению, все содействует ко благу» (Рим. 8:28) [62].*

Фрау Браун со своим необоснованным договором привела нас в «кривую» ситуацию. Четыре дня я молилась о том, как ей об этом сказать (мой дорогой супруг сказал, что именно мне придется разговаривать, потому что мой немецкий

---

[62] Myrna Alexander, *Behold Your God: Studies on the Attributes of God*, Woman's Workshop Series (Grand Rapids, MI: Zondervan, 1978), 29.

лучше),инаконецспустиласьвниздляпереговоров.ФрауБраунзавериламеня,чтодоговор—всеголишьформальность.

Понадеявшись, что мы поняли друг друга, я попросила ее дать мне знать, если мы будем причинять им неудобства.

Спустя несколько недель нам стало очевидно, что герр Браун был больным человеком, гневливым и мстительным. Однажды фрау Браун нездоровилось, и я принесла ей обед. Когда я уходила, герр Браун ворвался в комнату с криком. Нет, с криком — это недостаточно сильное слово: он в неистовстве орал. Я была рада, что понимала далеко не все, что он говорит, но до меня дошло, что он злится из-за того, что наш сын Ники оставил открытой входную дверь. Никогда со мной так не обращались. Меня трясло, когда я поднималась наверх. В голову лезли «духовные мысли» от том, чтобы он подавился тем прекрасным обедом, на который я убила все утро.

Дошло до того, что герр Браун яростно ломился в нашу дверь в 10 вечера из-за того, что я принимала ванну. Их раздражал звук воды, текущей по трубам. В этот раз досталось Джоди (я отсиживалась в ванной!). Он вопил, чтобы мы выметались вон, что договор разорван. Мы должны были съехать — чем раньше, тем лучше. А куда идти? В этой деревне снаселениемвпятьтысяччеловекбылооченьмаловариантов, но, увязая в снегу, мы отправились на поиски.

Нам нужна была меблированная квартира на пятерых. Единственным подходящим местом был Ferien Wohung, летний дом для отдыха. Платить пришлось посуточно, что было почти в три раза дороже, чем у Браунов. Там можно было сносно прожить с неделю, а если говорить о долгосрочной аренде, то эта квартира классифицировалась как дыра.

Там пахло как в пивной, и когда Джоди в подвале подключал стиральную машину (без сушки), мы обнаружили причину. Наш новый хозяин (милейший человек) гнал в подвале шнапс. Целый год я наблюдала (и обоняла) процесс ферментации, когда раз в неделю спускалась туда перестирывать гору белья. Удивительно, как моя одежда после стирки рядом с этой бормотухой не вставала и не раскладывалась рядом с батареей для сушки. Что касается Джоди, то шнапс ему предлагали регулярно (начиная с десяти часов утра). В конце концов, хозяин сказал ему: «Герр Диллоу, вы что, не знаете, что Библия одобряет употребление шнапса два раза день?» Мы с Джоди пересмотрели всю свою Библию и поняли, что он, скорее всего, говорил о какой-то другой Библии.

Друзья говорили нам: «Это не жилье, а помойка. Если вы платите больше 350$ в месяц, то это просто обдираловка». Так и было! Но мы научились жить в тесноте и решили, что могло быть и хуже. Однажды, сидя на кухне, я взглянула наверх и увидела, что там из трещины в потолке росли грибы! Какой же удивительный наш Бог! Да, мы жили в летнем домике с непомерно высокой платой, но зато Он обеспечил нас бесплатными грибами!

Позитивными факторами были наши замечательные друзья, прекрасная христианская школа и милый любитель шнапса — наш хозяин. Негативом были продолжающиеся нападки герра Брауна. Его гневные, оскорбительные письма часто оказывались в нашем почтовом ящике. Он обвинял нас в порче вещей и в том, что мы оставили квартиру неприбранной. Последнее обвинение особенно разозлило меня, потому что я потратила целый день, вымывая каждый уголок. Наконец, нам пришлось обратиться к юристу, чтобы уладить финансовые претензии.

Мы приехали в этот городок, чтобы отдохнуть, но покоя там не нашли. «ПОЧЕМУ, Господи?» — спрашивала я.

Аввакум: человек в «кривой» ситуации

Когда женщины спрашивают, какая книга Библии моя любимая, и я отвечаю «Книга пророка Аввакума», многим это кажется странным. Бог использовал историю этого человека, чтобы ободрить меня, чтобы увещевать меня и показать мне, что значит доверить Богу все мои ПОЧЕМУ. Книга Аввакума короткая — всего три главы — и представляет собой разговор между пророком и Богом.

Аввакум отличается от других ветхозаветных пророков, которые обращались к своим соплеменникам или к другим народам. Аввакум говорил только с Богом. Он оказался в непростой ситуации. После смерти Иосии, последнего благочестивого царя, люди поклонялись идолам и мало внимания уделяли Яхве.

Моральное разложение в Иудее распространялось, но Бог молчал. Вокруг было насилие и беззаконие; Бог, казалось, был равнодушен. Создавалось впечатление, что Бог не у дел. Аввакум обратился к Господу и задал ему извечные вопросы, которые терзают наши сердца: «Доколе, о Господи?» «ПОЧЕМУ, Боже? ПОЧЕМУ Ты допускаешь зло и нечестие в Иудее?» Он молился так:

> *Доколе, Господи, я буду взывать — и Ты не слышишь, буду вопить к Тебе о насилии — и Ты не спасаешь? Для чего даешь мне видеть злодейство и смотреть на бедствия? Грабительство и насилие предо мною, и восстает вражда и поднимается раздор. От этого закон потерял силу, и суда правильного*

нет: так как нечестивый одолевает праведного, то и суд происходит превратный (Авв. 1:2–4).

Бог ответил и сообщил, что собирается сделать такое, во что Аввакум не сразу бы поверил. Аввакум чуть было не крикнул «Ура!», но осекся. О чем говорил Бог?

> *Ибо вот, Я подниму Халдеев, народ жестокий и необузданный, который ходит по широтам земли, чтобы завладеть не принадлежащими ему селениями. Страшен и грозен он; от него самого происходит суд его и власть его (Авв. 1:6–7).*

Аввакум остолбенел. Ответ Бога создавал еще большие проблемы. Иудея заслуживала наказания, но ПОЧЕМУ Бог собирался наказать Иуду рукой халдеев (вавилонян) — еще более безнравственного и безжалостного народа? С точки зрения Аввакума, они только усугубят, а не исправят. Что это за план такой? Ребенок придумал бы лучше.

Чтобы понять отчаяние Аввакума, перенесем его ситуацию в современный контекст. Многие в наше время озабочены растущим уровнем насилия. Каждый день мы читаем о преступлениях, наркотиках, алкоголизме и абортах. Женщины боятся выйти вечером на улицу, а родители переживают за своих детей. Количество изнасилований, сексуальных извращений достигло максимума. Подобно Аввакуму, мы сетуем, что правосудия нет, ведь очень часто суд извращен. От происходящего болят наши сердца, и мы молимся молитвой Аввакума: «Доколе, Господи? ПОЧЕМУ, Боже, Ты позволяешь этому злу распространяться по нашей стране? Делай же что-нибудь, Боже!»

Представьте свою реакцию, если Бог ответит так: «Смотрите, изумляйтесь! Я сделаю во дни ваши такое дело, которому вы не поверили бы, если бы вам рассказывали. Ибо вот, Я подниму _____ (вставьте самого страшного врага), чтобы он овладел вашей страной».

Мы бы закричали: «Извини нас, Господи, но кажется, мы не расслышали. Ведь не может быть такого, чтобы Ты послал наших ненавистников, чтобы судить наш народ. Мы грешны, но не настолько же».

Эта мысль привела бы нас в ужас. Именно так чувствовал себя Аввакум.

Репутация халдеев приводила в трепет всех. В Аввакума 1:6–11 мы читаем, что халдеи были свирепыми и необузданными, они брали то, что им не принадлежит; их боялись; они не признавали никакой власти и авторитета. Они прекрасно ездили верхом, они летели как орлы и стремительно бросались на добычу. Они занимались только войной и собирали пленников, как песок. Они издевались над царями, смеялись над крепостями, а их богом была сила. Неудивительно, что Аввакум был в недоумении. Однако вместо того, чтобы роптать: «Это нечестно!», он обратил взор на Божий характер — на Его святость и чистоту — и спросил у Бога: «ПОЧЕМУ?»

> 99 *Но не Ты ли издревле Господь Бог мой, Святый мой? Мы не умрем!.. для чего же Ты смотришь на злодеев и безмолвствуешь, когда нечестивый поглощает того, кто праведнее его (Авв. 1:12–13).*

Аввакум задал эти вопросы и после этого сказал: «На стражу мою стал я и, стоя на башне, наблюдал, чтобы узнать, что скажет Он во мне, и что мне отвечать по жалобе моей?»

(Авв. 2:1). Другими словами, он решил ждать до тех пор, пока не узнает Божий ответ на свои вопросы.

Некоторые считают, что Бог не говорит с нами сегодня, как в древние времена. Я не согласна. Вернее будет сказать, что мы не слушаем и не ждем, как это сделал Аввакум. Мы не знаем, сколько он ждал, но знаем точно, что Бог ему ответил.

> 99 *И отвечал мне Господь и сказал: запиши видение и начертай ясно на скрижалях, чтобы читающий легко мог прочитать, ибо видение относится еще к определенному времени и говорит о конце и не обманет; и хотя бы и замедлило, жди его, ибо непременно сбудется, не отменится. Вот, душа надменная не успокоится, а праведный своею верою жив будет (Авв.2: 2–4).*

Бог подтвердил, что Аввакум все понял верно — халдеи придут — и, несмотря на это, Аввакум должен был жить верой. Это утверждение повторяется в Новом Завете трижды: «Праведный верою жив будет» (Рим. 1:17; Гал. 3:11; Евр. 10:38). Другими словами, Бог не ответил на вопрос ПОЧЕМУ; вместо этого Он повелел Аввакуму довериться Ему во всех своих ПОЧЕМУ. Аввакум должен был довериться Богу во всем, чего не понимал, чего не мог видеть. Он должен был идти с Богом во тьму.

С человеческой точки зрения, такой ответ разочаровывает. Мы хотим знать ПОЧЕМУ. Бог должен перед нами объясниться. Иногда Он это делает, но чаще всего нет. Бог есть Бог, Ему не нужно объясняться. Если бы Бога можно было понять, то Он перестал бы быть Богом — Он стал бы таким, как мы. В тех случаях, когда Бог не объясняет нам ПОЧЕМУ, мы должны ждать, пока узнаем на небесах.

Аввакум осознал это. Он не получил желаемого ответа, но утверждал, что Бог — есть Бог, а его человеческое непонимание ничего не меняет. Пророк прославил Бога в духе, хотя тело его дрожало от страха!

> *Я услышал, и вострепетала внутренность моя; при вести о сем задрожали губы мои, боль проникла в кости мои, и колеблется место подо мною; а я должен быть спокойным в день бедствия, когда придет на народ мой грабитель его (Авв. 3:16).*

Мне очень нравится, как описан этот святой пророк — в трепете, в душевных мучениях, переживающий такую боль, что, по его словам, она проникла в его кости! Это придает мне сил для победы над бунтующим телом, когда я хочу довериться Богу. Хотя тело и душа Аввакума трепетали, в тот самый момент он провозгласил, по моему мнению, самое красивое исповедание веры в Библии.

> *Хотя бы не расцвела смоковница и не было плода на виноградных лозах, и маслина изменила, и нива не дала пищи, хотя бы не стало овец в загоне и рогатого скота в стойлах, - но и тогда я буду радоваться о Господе и веселиться о Боге спасения моего. Господь Бог — сила моя: Он сделает ноги мои как у оленя и на высоты мои возведет меня! (Авв. 3:17–19).*

Какое потрясающее исповедание доверия Богу! Даже доведенный до крайнего отчаяния Аввакум будет радоваться. Даже если у него отнимут все — включая урожай и скот, которые давали ему пропитание — он будет уповать на Господа, на Его силу. Его слова буквально означают: «Я буду скакать от радости в Господе; я буду вертеться волчком от восторга в Боге»[63]. Величайшая радость в самых страшных обстоятельствах. Какой же путь прошел Аввакум от слез сомнений к гимну упования?

- Он рассказал о своих сомнениях Богу.
- Он решил ожидать ответа от Бога.
- Он решил уповать на Бога во тьме.

Я тут рассказывала вам о своенравном домовладельце. Тогда у нас был сложный год, но даже близко не такой сложный, как предыдущий, когда мы вынуждены были переехать в Германию и отдать детей в христианскую школу. Бремя Аввакума не было его личным бременем — он переживал о своей стране и духовном благополучии своего народа. А у меня на душе камнем лежала тревога за свою семью.

Моя «кривая» ситуация

Я не могу назвать Вену хорошим местом для воспитания детей. Когда мы туда переехали, наши дети учились в начальной школе. Во время одной из первых вылазок по магазинам, мой сын Томми показал мне на обложку музыкального издания с неприличным изображением: «Мама, смотри!» Мама смотреть не захотела и не хотела, чтобы смотрел сын!

Проституция в Австрии узаконена. Я помню, как мы ехали с детьми по главной улице на вокзал, чтобы встретить гостей. Женщины легкого поведения стояли там на каждом углу в экстравагантных нарядах (мягко говоря). По пути моя

---

[63] J. Sidlow Baxter, *Explore the Book* vol. 4 (Grand Rapids, MI: Zondervan, 1964), 212.

дочь Джой считала проституток: «Девятнадцать, двадцать, двадцать одна… Ой, смотри, мама, а эта кого-то нашла». Мне стало дурно. Знакомство с наготой и проституцией не входило в мои воспитательные планы. Хотя, даже учитывая эти проблемы, я думала, что все же смогу защитить своих детей от этого.

Когда они подросли, защищать их стало еще труднее. В старших классах американской школы учились четыре девочки из семей миссионеров. Мы, матери, были так рады, что наши дочери могли поддерживать друг друга. Однако ожидания не оправдались. Давление оказалось слишком сильным. В Австрии спиртное разрешается с пятнадцати лет; пиво в «Макдональдс» продают вместе с гамбургерами и картофелем фри. В бассейнах и на пляжах реки Дунай отдыхают топлесс, поэтому мы не отпускали наших девочек купаться. Если я не разрешала им смотреть фильмы с откровенными сценами, то как можно было позволить им видеть наготу так близко вживую?

Мы с матерью одной девочки молились каждую неделю о дочерях, чтобы они сохранили свои ценности. Мы видели, как страдает ее дочь и от всего этого давления набирает лишний вес. Та семья вернулась в Штаты вместе с другими миссионерскими семьями, у которых были подростки. Мы с Джоди не знали, что делать. Нам трудно было принять, что подросшие дети заставляют оставить миссионерское поле. Вместе с тем мы не были готовы принести своих детей на алтарь служения в Восточной Европе. Летом мы вдвоем на целую неделю уехали на природу, чтобы искать Божьей мудрости. «Оставить ли нам детей в такой среде? Вернуться ли в Штаты? Помоги, Боже!»

После недели, проведенной в молитвах, мы по-прежнему не знали, что делать. Было бы здорово, если бы Бог начертал ответ на стенке фургона, но не появилось ни начертаний, ни «добрых предчувствий». Я сказала Джоди, что решение должен принимать он. Я была слишком эмоциональна, чтобы принимать важные решения. Он решил, что мы должны доверить наших детей Богу и продолжить служение в Восточной Европе. Нам обоим было очень не по себе.

Через час после того, как мы вернулись домой, зазвонил телефон. Звонила одна из тех матерей, которые вернулись в Штаты. «Линда, когда пасторы нашей церкви услышали, в какой атмосфере находится наша дочь в Вене, они призвали нас туда больше не возвращаться. Мой муж едет в Вену, чтобы собрать вещи и отправить их в Штаты».

Я повесила трубку и сказала: «Прошу прощения, Господи, но мы помолились и нам подумалось, что Тебе угодно, чтобы мы не забирали нашу дочь из этого окружения. А вот они помолились, и все вокруг призывают их уехать! Мне страшно. Но, Господи, я останусь здесь и буду служить Тебе. Прошу лишь об одном. Пожалуйста, защити моего ребенка».

В последующие месяцы я видела, как моя девочка отдаляется и впадает в депрессию. Она была отличницей, но скатилась с «пятерок» по математике на «двойки». Что-то было явно не так. Мой жизнерадостный ребенок перестал улыбаться. Моя дочь катилась вниз, а вместе с ней падала я.

К весне я оказалась на самом дне — физически, эмоционально и духовно. Я доверила Богу самое дорогое сокровище, и получалось, что Он подвел меня. В то время у нас гостил бизнесмен из Техаса, и он говорил: «Такого замечательного служения, как ваше, я не видел ни в одной стране». Мне хотелось закричать: «Но какой ценой!» Если бы в нашем дворе приземлился самолет, то я схватила бы детей и улетела прочь. Я никогда прежде не сомневалась в Боге. Теперь же меня мучали вопросы. Я сомневалась в Божьей благости и Его всевластии. Я не могла читать Библию. В ней столько обетований, но, казалось, что ни ко мне, ни к моему ребенку они не относятся.

Однажды Джоди сказал мне: «Куда же нам пойти? Он имеет слова вечной жизни» (Иоан. 6:68, пересказ Л. Д.). В глубине души я знала, что он прав. Я стала спрашивать себя: «Буду ли я судить о Боге по обстоятельствам, которых не понимаю, или судить об обстоятельствах в свете характера Божьего?» Я открыла Библию и начала изучать Аввакума. О, как близки мне были его сомнения! Я снова и снова перечитывала его историю. Я поняла, что должна задать Богу все свои вопросы, а потом взойти на крепостную стену и ждать Его ответа.

Бог не объяснил мне ПОЧЕМУ. Здесь на земле я, возможно, никогда не узнаю, ПОЧЕМУ все произошло именно так. Бог ответил мне, как и Аввакуму: «Праведный верою жив будет» (Авв. 2:4). Я знала, что должна верить, даже если не понимаю, иначе это не вера. Я должна довериться Богу в том, что не понимаю, что не укладывается в моей голове. Я должна идти с Богом во тьму, держась за Его руку.

Я взяла свою Библию и вышла на балкон с бумагой и ручкой. Яблони были в цвету, наполняя воздух приятным ароматом. Это было в 1984 году, но я помню все, как будто это было вчера. Я помню дату, потому что она записана в моей Библии на полях рядом со стихами из Аввакума 3:17–19. Я взяла это прекрасное исповедание веры и сделала своим. Как Аввакум, я трепетала. Мне было плохо, когда я писала:

Пусть я никогда не пойму ПОЧЕМУ,
пусть я никогда не увижу улыбки своей дочери,
пусть она сделает неправильный выбор,
пусть эта боль никогда не уйдет из моего сердца,

Но я буду радоваться в Господе. Я буду радоваться в Боге
спасения моего. Господь Бог — сила моя: и Он сделает
мои ноги, как у лани, и на высоты мои возведет меня.

Это решение довериться во тьме стало началом моего ис-
целения. Я отвлеклась от обстоятельств и обратилась к суверенному Господу, Который оставался блаженным Владыкой всего.

Но и тогда вы будете Ему доверять?

В жизни есть периоды процветания и периоды невзгод, то
прямые, то кривые. Когда на сердце бремя, ожидаете ли вы
ответа от Бога? Осознали ли вы все Его величие и скажете ли
вместе с Аввакумом, «праведный верою жив будет»? Нам
всем нужна вера, которая преодолеет времена, когда мы не
понимаем, что делает Бог, зато видим Его, и поэтому говорим: «Но и тогда я буду Тебе доверять».

Я не знаю ваших ПУСТЬ ДАЖЕ: ПУСТЬ ДАЖЕ родители меня никогда не поймут и не поддержат... ПУСТЬ
ДАЖЕ я никогда не выйду замуж... ПУСТЬ ДАЖЕ муж
меня огорчает... ПУСТЬ ДАЖЕ я выбилась из сил... ПУСТЬ
ДАЖЕ я страдаю… ПУСТЬ ДАЖЕ мое дитя отворачивается
от Христа...

ПУСТЬ ПУСТЬ, ПУСТЬ... но и тогда я буду доверять
Господу Богу. Он сила моя.

ЛИЧНОЕ ПИСЬМО ТЕБЕ

Моя дорогая подруга,

Я чувствую, что мы стали подругами. Мы вместе прошли этот путь. Я делилась с тобой тем, чему научилась и куда Бог меня ведет. Молюсь за тебя, чтобы ты набралась сил и продолжила свой путь к довольству!

Сегодня утром я перечитывала Псалом 83. Уже давно он один из моих самых любимых. Пока я читала, я вспомнила о пути к душевному покою. В псалме говорится о женщине, такой мы с тобою, которая отправилась в паломничество. Паломник — это «человек, который путешествует к святым местам по религиозным причинам»[64]. Довольство — это святое место. По словам этого псалма, блаженна эта женщина, потому что сила ее в Боге. Проходя долиною плача, она делает ее живым источником (ст. 5–6). Молюсь о тебе, чтобы ты тоже достигла живого источника довольства.

Мой личный путь стал паломничеством передачи контроля над обстоятельствами Богу. Чтобы показать мне, что Он благословенный Владыка моей жизни, Богу пришлось лишить меня всех хитроумных методов управления. Все было так, словно я сидела на заднем сидении Лэнд Ровера в крошечном автомобильном стульчике, оснащенным собственным рулем.

---

[64] Colour Oxford English Dictionary 3rd ed. (2011), s.v. "pilgrim (n.)."

Я крутила эту баранку то влево, то вправо, не осознавая, что мой руль ни к чему не прикреплен. Однажды я подняла глаза и поняла, что веду машину не я.

Наконец-то я увидела, что хотя у меня есть руль, мне можно бросить управление. Мой Водитель (Бог) полностью все контролирует. Он уже был на этой дороге. Он знает путь. Он видит вперед до самого конца пути — все мои завтрашние дни. Мне можно откинуться в кресле и, расслабившись, беседовать с Водителем и наслаждаться путешествием. Все свое внимание я посвящаю Ему, а не дороге.

Если честно, в начале своего паломничества я думала, что мои сокровенные решения быть послушной однажды приведут меня туда, где я с Павлом провозглашу:

> *Я научился быть довольным тем, что у меня есть (Фил. 4:11).*

Теперь я знаю, что мои решения, известные только мне и Богу, и есть важнейшая составляющая довольства. Прошло более сорока лет моего путешествия к сердечному покою, и теперь мне предельно ясно, что Павел говорил истину, когда сказал, что ключ к довольству — это «Все могу в укрепляющем меня Иисусе Христе» (Фил. 4:13). Я готова к чему угодно благодаря Тому, Кто вливает в меня внутреннюю силу.

Через эту книгу я хотела донести тебе самую главную истину, что довольство — это повиновение нашему великому, всемогущему и святому Царю. Бог наш —

> *Блаженный и единый сильный Царь царствующих и Господь господствующих (1 Тим. 6:15).*

Он благословенный Владыка наших обстоятельств, даров, способностей, имущества, жизненной роли и взаимоотношений. Мы признаем Его суверенный контроль, когда доверяемся Ему во всем: в том, чего не понимаем, чего не видим и что не укладывается у нас в голове. Полностью доверившись Богу, мы смиренно принимаем свой удел и свою чашу (Пс. 15:5). Мы принимаем то, что Он допустил в прошлом. Мы принимаем то, что Он допускает сегодня. И мы отдаем Ему все наши завтрашние дни. В нас растет смиренное осознание, что Он любящий Владыка всего бытия.

Когда мы учимся доверяться Богу во всем, наше довольство превращается в акт поклонения. Какая красивая мысль! Один из моих любимых писателей прошлого сказал, что мы поклоняемся Богу своим довольством «больше, чем когда приходим послушать проповедь или проводим полчаса или час в молитве», и что «это тоже акты поклонения Богу… но это только внешние акты поклонения»[65]. Поклоняться Богу в духе — значит довольствоваться тем, что Он дает, и быть благодарной за все. Когда мы смиряемся с Божьим планом и целью для нашей жизни — это и есть акт поклонения. Как приятно сознавать, что моя жизнь может буквально быть поклонением Богу.

Когда мы доверяем все свои вопросы Богу, когда мы не ропщем на прошлое и не беспокоимся о будущем, когда наш завтрашний день предоставлен Его заботе, тогда мы свободно можем говорить, просыпаясь каждое утро: «Боже, Ты дал мне сегодняшний день как дар. Покажи, как мне прославить Тебя сегодня».

---

[65] Jeremiah Burroughs, The Rare Jewel of Christian Contentment (Carlisle, PA: Banner of Truth Trust, 1979), 120.

Сердце наполняется покоем, когда ты способна довериться сегодня Богу и не обременяешь себя вопросами ЧТО ЕСЛИ, ЕСЛИ БЫ и ПОЧЕМУ. Эти вопросы остаются в Его ведении. Завтрашний день в Его руке, а ты свободна! Свободна, потому Бог Сам стал твоей достаточностью. Он твое довольство. Что дает твоя свобода? Возможность уделять время другим людям и их нуждам, ободрять их, любить и служить тем, кого Бог приводит в твою жизнь. Ты сможешь позаботиться о них, потому что Бог позаботился о тебе.

Представь себе довольную женщину. Может быть, ты знаешь такую. Что у нее есть? Возможно, ты перечислишь плоды Духа: любовь, радость, мир, долготерпение и все остальное. Чего у нее нет? Беспокойного сердца. Венец, называемый довольством, красуется у нее не на голове, а в сердце. Ее довольство не зависит от людей, места или имущества. Вот какими мы с тобой хотим стать. Мы знаем, что такая женщина — редкость.

Обожаю одну сказку, которая иллюстрирует такое довольство:

Один король страдал от мучительного недуга, и ему сказали, что единственное лекарство для него — это найти довольного человека, взять его рубаху и носить ее днем и ночью. Итак, по всему королевству послали гонцов, чтобы найти такого человека и доставить его рубаху. Прошло несколько месяцев. После тщательных поисков гонцы вернулись назад без рубахи.

«Смогли ли вы найти довольного человека в моем королевстве?» — спросил король.

«Да, ваше величество, мы нашли одного единственного во всем королевстве».

«Так почему же вы не принесли его рубаху?» — строго спросил король.

«Ваше величество, у того человека не было рубахи» [66].

Вместе с тобой мы шли по этому пути, чтобы стать такими редкими довольными женщинами (с рубахой или без!). Молюсь за тебя, подруга, и за себя тоже, чтобы мы стали такими женщинами, в сердцах которых царит спокойствие и доверие, чтобы мы могли сказать:

> *Господь — умиротворение мое. Я не буду жить в беспокойстве. Он укрывает меня Своим крылом утешения и успокаивает мой дух. Он берет все мои заботы на Себя и помогает мне взирать только на Него. Да, хотя я и прохожу через периоды серьезных сомнений и жуткого беспокойства, не убоюсь — потому что Ты мой мир. Твое Слово и Твое присутствие успокаивают меня. В Твоей руке все мои неопределенности. Ты успокаиваешь мой встревоженный разум — Ты разглаживаешь морщины на моем лбу. Так спокойствие и доверие Тебе да сопровождают меня во все дни жизни моей. И все мои мысли будут направлены только к Тебе вовеки веков* [67].

---

66 Paul Lee Tan, Encyclopedia of 7700 Illustrations (Rockville, MD: Assurance Publishers, 1979), 272–73.

67 Парафраз Псалма 22, который сделала моя подруга Джуди Бут.

179

Десять библейских уроков

Дорогая подруга!

Мне не терпится узнать, что Бог совершит в твоей жизни после того, как ты решила пройти этот курс! Я молюсь, чтобы Бог утешил твое тревожное сердце и больше открылся тебе, когда ты читаешь Его Слово.

Чтение Библии — это хорошо, но заучивание стихов и размышление над Божьим Словом — это лучший способ запечатлеть Его Слово в сердце и разуме. По мнению Синтии Хилд заучивание Писания увеличивает словарь Святого Духа в твоей жизни[68]. Поэтому каждый из представленных десяти уроков включает стихи для заучивания наизусть. Изменения начнутся, только когда мы поместим Слово Божье и Его мудрость в свое сердце.

Если мы с тобой похожи, тогда у тебя есть доброе желание заучивать Божье Слово, но без контроля твой порыв быстро угаснет. Заучивание — это процесс нелегкий, но тебе очень понравятся изменения, которые оно принесет в твою жизнь. Если тексты для заучивания покажутся тебе слишком длинными, тогда выучи один стих. Потом используй этот стих (или стихи), когда будешь благодарить Бога и молиться. Ниже я приведу пример, как это можно сделать с библейскими стихами из первой недели изучения:

---

[68] Из лекции, которая прозвучала на женской конференции в Tri-Lakes Chapel, Monument, CO, April 1995.

- Текст: Филиппийцам 4:11-13: «Говорю это не потому, что нуждаюсь, ибо я научился быть довольным тем, что у меня есть. Умею жить и в скудости, умею жить и в изобилии; научился всему и во всем, насыщаться и терпеть голод, быть и в обилии, и в недостатке. Все могу в укрепляющем меня Иисусе Христе».

- Моя хвала: Боже, я благодарю тебя за пример Павла. Его слова меня ободряют. Прославляю Тебя, Боже, за то, что Павел научился быть довольным. А это значит, что я тоже могу научиться! Прославляю Тебя, что секрет довольства Павла прост — его полное доверие Богу, Который дал ему силу быть довольным в любых обстоятельствах.

- Моя молитва: О, Боже, как же далеко мне до слов Павла. Но, Господи, желание мое — научиться быть довольной. Я жажду обрести Твое утешение для моего тревожного сердца, чтобы вместе с Павлом сказать: «Я научилась быть довольной тем, что у меня есть». Я знаю, что ключ к такому довольству — это растущая зависимость от Тебя; научи меня полагаться на Тебя.

В приведенном примере я записала мою хвалу и молитву отдельно, но когда я заучиваю тексты Писания и молюсь этими словами в форме просьбы или хвалы, то обычно я их совмещаю.

Как же радостно сохранять в своем сердце Божье Слово, а потом обращаться к Нему этими словами! Призываю тебя делать это каждую неделю по мере заучивания Писания. Это будет практическим способом размышления над прекрасным Божьим Словом.

Заучивание Писания — это очень важный элемент нашего курса изучения Библии. Еще один важный момент — заполнение дневника. Этот дневник специально разработан, чтобы помочь вам персонализировать заучиваемые тексты Писания и записывать милости Божьи; десять разделов этого дневника соотносятся с каждой главой книги и курсом.

В дневнике можно записывать, чему Бог тебя учит, кроме того, он поможет запомнить, что Он для тебя сделал в прошлом, когда придут трудные времена.

Когда Израильтяне перешли Чермное море посуху, Бог повелел им: «возьмите себе отсюда, из средины Иордана… двенадцать камней… таким образом камни сии будут для сынов Израилевых памятником на век» (И. Нав. 4:3, 6–7). Мы легко забываем о Божьей благости, когда приходят трудности. Вот почему для нашего разума и духа нам нужны напоминания. Твой дневник станет «двенадцатью камнями».

Каждую неделю записывай в своем дневнике ответы на следующие вопросы, а потом свою молитву: (1) Что я узнала о Боге на этой неделе? (2) Что я узнала о себе на этой неделе? (3) Запиши молитву, чтобы помнить о том, чему тебя научил Бог. Молюсь о том, чтобы через полгода или через пять лет ты смогла вернуться к своему дневнику, чтобы почитать и возрадоваться о том, чему тебя научил Бог. Бог — твой наставник. Да явит Он тебе множество Своей милости, Своей любви, и покажет, что по-настоящему означает быть довольным в любых обстоятельствах.

Молюсь за тебя, чтобы ты научилась этому от Него.

Линда Диллоу

Неделя 1

Прочитайте главу 1 «Мой путь к довольству».

1. Выучите наизусть Филиппийцам 4:11–13. Выпишите эти стихи на карточку и перечитывайте их каждый день на этой неделе. Молитесь словами из этого текста и просите у Бога, чтобы Он запечатлел Свою истину в вашем сердце.

2. Своими словами напишите смысл Филиппийцам 4:11–13.

   _____

   _____

   _____

3. Поразмышляйте над Филиппийцам 4:11–13 и над тем, о чем вы прочитали в первой главе книги «Исполни тревожное сердце покоем». (Размышлять — значит, думать, предаваться серьезным рассуждениям.) Затем напишите определение, что такое довольство.

   _____

   _____

   _____

4. Выпишите пять утверждений Эллы Спиз, которые составляют ее рецепт довольства. См. страницу 15.

   _____

   _____

   _____

5. По вашему мнению, как Элла Спиз выработала «святую привычку» быть довольной? См. страницы 14–15.

_____

_____

_____

6. Какие изменения произойдут, если вы действительно
позволите Богу стать благословенным Владыкой ваших
обстоятельств? Приведите практический пример.

_____

_____

_____

7. Перечитайте сказку о двух монахах на стр. 22.
   а. На какого из монахов вы больше всего похожи?

_____

   б. Согласны ли вы, что большинство женщин пытаются
   контролировать обстоятельства или манипулировать
   ими? Если да, то почему?

_____

_____

_____

8. Заполните свой дневник, ответив на вопросы: (1) Что
я узнала о Боге на этой неделе? (2) Что я узнала о себе?
(3) Запишите молитву с просьбой, чтобы Бог запечатлел
в вашем сердце то, чему Он вас научил.

Неделя 2

Прочитайте главу 2 «Довольна обстоятельствами».

1. Выучите наизусть Филиппийцам 4:6–9. Выпишите эти стихи на карточку и перечитывайте их каждый день. Молитесь и прославляйте Бога, используя эти библейские строки.

2. Откройте главу 2 книги на страницах 38–39 и перечислите позитивные и негативные аспекты всех обстоятельств, которые Бог допускает в вашей жизни в настоящее время.

   а. Позитивные:_____

   _____

   б. Негативные: _____

   _____

3. Какому из списков вы уделяете больше внимания? Что Бог показывает вам через это упражнение?

   _____

   _____

   _____

   _____

4. Посмотрите на список негативного (вопрос 2б). Выберите самую трудную ситуацию из этого списка и запишите ее ниже.

   _____

   _____

   _____

5. Согласно Филиппийцам 4:6, какие два варианта действий у вас есть в этой трудной ситуации в вашей жизни?

   _____

   _____

   _____

   _____

6. Поразмышляйте над Филиппийцам 4:7. Что вы понимаете под словом «мир»? Как по вашему мнению это выглядит, когда вы им обладаете?

_____

_____

_____

7. Поразмышляйте над Филиппийцам 4:8. В чем состоит ваш вклад? Запишите, что конкретно это значит в ваших обстоятельствах.

_____

_____

_____

8. Заполните свой дневник: (1) Что я узнала о Боге на этой неделе? (2) Что я узнала о себе? (3) Запишите молитву с просьбой, чтобы Бог запечатлел в вашем сердце то, чему Он вас научил.

Неделя 3

Прочитайте главу 3 «Довольна быть собой».
1. Выучите наизусть Псалом 138:14.
2. Ежедневно на этой неделе читайте вслух Псалом 138:13–16. Затем молитесь этими словами. Какие новые мысли дал вам Бог через чтение этого псалма?

_____

_____

_____

3. Перефразируйте Псалом 138:13–16.

    _____

    _____

    _____

    _____

4. Желали бы вы оказаться в трудных обстоятельствах, чтобы обнаружились ваши сильные стороны и духовные дары?

    _____

    _____

    _____

5. Перечислите свои способности. Будьте честны и конкретны. Как вы используете свои таланты, чтобы прославить Бога?

    _____

    _____

    _____

    _____

6. Посмотрите в словаре слово «характер». Выпишите его определение. Чему вы уделяете больше внимания — формированию характера или разной деятельности? Приведите пример из вашей жизни.

    _____

    _____

    _____

7. Как вы относитесь к своей индивидуальности? К своему телу? К своим способностям? Как вы думаете, ваше отношение угодно Богу?

    _____

8. а. Что вам нужно принять в своей внешности и поблагодарить за это Бога?

б. Что вам нужно сделать, чтобы лучше содержать тело, которое дал вам Бог?

9. а. Приведите две ваши характерные черты, которые, по вашему мнению, угодны Богу.

б. Приведите две ваши характерные черты, которые, по вашему мнению, неугодны Богу. Выберите одну и попросите Бога на этой неделе показать вам Его план, как искоренять эту плохую черту. Запишите этот план.

10. Что изменится в вашей жизни и взаимоотношениях, если вы примете божественную истину Псалма 138 и будете воплощать в своей жизни?

11. По желанию: подумайте, какая из ваших знакомых подходит под описание женщины в Притчах 31? Поговорите с ней на этой неделе и спросите у нее, как ей удалось стать такой.

12. Заполните свой дневник: (1) Что я узнала о Боге на этой неделе? (2) Что я узнала о себе? (3) Запишите молитву

с просьбой, чтобы Бог запечатлел в вашем сердце то, чему Он вас научил.

Неделя 4

Прочитайте главу 4 «Довольна своей ролью».

1. Выучите наизусть Матфея 20:28. Выпишите этот стих на карточку и носите с собой. Пока вы учите его наизусть, молитесь словами этого стиха.

2. По желанию. Ниже перечислены восемь способов того, как гарантированно быть недовольной своей ролью. Определите библейское противоядие для каждого, используя выученные вами места Писания: Филиппийцам 4:11–13, Филиппийцам 4:6–9, Псалом 138:14 и Матфея 20:28. Первое противоядие (2а) приводится для примера.

а. Нежелание принять то, что дает Бог. Филиппийцам 4:11: довольство приходит благодаря принятию обстоятельств, которые Бог допускает в моей жизни. «Боже, помоги мне помнить это всегда и жить этой истиной».

б. Видеть только негативное в муже, в ребенке, в соседе по комнате или коллеге.

_____

_____

в. Находить удовлетворение во всем, кроме Бога.

_____

г. Взвалить все заботы на себя.

_____

д. Считать свои проблемы, а не благословения.

е. Молиться только о том, с чем не можешь справиться.

ж. Сделать ворчание привычкой.

з. Сомневаться в Божьей любви и в Его суверенном контроле над моей жизнью.

3. Хотите ли вы поменяться с кем-то местами? Размышляя о том, что Бог говорит вам в Псалме 138, как вы думаете, угодно ли Ему, когда вы сравниваете себя с другими женщинами и их жизнь с вашей?

4. а. Если вы замужем, перечислите пять прекрасных и достойных качеств вашего супруга. Если вы не замужем, перечислите пять прекрасных качеств самого важного человека в вашей жизни.

б. Напишите письмо или записку своему мужу или тому человеку, которого вы указали в 4а, с описанием тех качеств, которые вы так цените в нем или в ней.

5. Для христиан главное — оставаться верными (1 Коринфянам 4:2). Что в практическом смысле означает для вас оставаться верной в вашей роли?

6. Как вы можете применить Матфея 20:28 и послужить другим людям на этой неделе? Запишите ниже, что, по вашему мнению, Бог хочет, чтобы вы сделали.

_____

7. Заполните свой дневник: (1) Что я узнала о Боге на этой неделе? (2) Что я узнала о себе? (3) Запишите молитву с просьбой, чтобы Бог запечатлел в вашем сердце то, чему Он вас научил.

Неделя 5

Прочитайте главу 5 «Довольна во взаимоотношениях».

1. Выучите наизусть Колоссянам 3:12–14.
2. Вас кто-нибудь обижал? Вспомните всех тех людей, которые вызвали у вас разочарование, гнев или печаль. Напишите ниже их имена и чем они причинили вам боль.

_____

_____

3. Вы обижали кого-нибудь? Напишите имена тех, кого вы расстроили.

_____

4. Прощать очень трудно! Отметьте из приведенных ниже те утверждения, которые описывают ваши мысли.
   • Простить — прощу, но не забуду.
   • Если прощу сейчас, то для нее (него) это будет слишком просто. Она (или он) должна заплатить за обиду.
   • Почему это я всегда должна поступать правильно?
   • Почему я должна прощать? Этот человек даже не сожалеет о случившемся.

• Я могу простить этого человека за то, что она (или он) сделала мне, а не за ту боль, которую она (или он) причинила другим.

• Я не уверена, что необходимо прощать этого человека. В конце концов, ненависти к нему (или к ней) я не ощущаю, поэтому я просто буду избегать контактов.

• Я старалась простить этого человека, но он (или она) продолжает делать то же самое.

5. Еще раз прочитайте Матфея 18:21–35. Ниже перечислено, что Бог делает для вас, как написано в этом тексте. На основании Его дел запишите соответствующие поступки, которые вы должны проявить к людям, которых вы перечислили во втором вопросе. Для примера приводится первый поступок.

Божье отношение ко мне	Мое отношение к другим людям
Он мне все простил.	Я должна простить _____ (напишите имя)
Он прощает, даже когда я этого не заслуживаю.	
Прощает меня снова и снова за тот же самый грех.	
Прощает даже самые страшные мои оскорбления.	
Прощает мне сразу и никогда не держит обиды.	

6. Помолитесь так: Боже, как Ты благ! Твоя благодать выше моего понимания. Твои милости обновляются

каждое утро. Как много я Тебя огорчаю; как быстро Ты меня прощаешь. Благодарю Тебя, Иисус, за все страдания Твои из-за моих грехов. Пусть никогда Твоя смерть на кресте не станет для меня чем-то привычным.

7. Теперь помолитесь такой молитвой за всех тех людей, которых вы перечислили во втором вопросе:

Боже, Ты знаешь, как _____ (имя) обидел (а) меня _____ (укажите обиду). Во имя Иисуса, Который мне все простил, я принимаю решение простить этого человека. Я отдаю _____ (имя) и всю боль, которую я вынесла из-за случившегося, Тебе. Прошу Тебя, чтобы Ты начал исцеляющую работу в моем сердце и в наших взаимоотношениях.

8. Прочитайте Колоссянам 3:12–15 и Римлянам 15:5–7. В первом столбце перечислите ключевые слова или фразы, которые Павел использует, чтобы передать идею единства в Теле Христа. Во втором столбце перечислите действия или поведение, которое поможет сохранить это единство.

Слова и фразы, которые говорят о единстве	Как мы можем поддерживать единство

9. Что значит — идти дальше прощения? Как Иисус пошел дальше прощения с...

   • теми, кто Его распял (Луки 23:34)?

   _____

   _____

   • Иудой (Матфея 26:50)?

   _____

   _____

   • Петром (Марка 16:6–7)?

   _____

   _____

10. Составьте список тех людей, которых вы простили в прошлом. Поблагодарите Бога за труд, который Он совершил. Потом спросите Его: «Может быть, Ты хочешь от меня, чтобы я сделал что-то еще, чтобы показать любовь и доброе расположение к этому человеку?» Запишите, что нужно будет сделать.

    _____

    _____

    _____

11. Напишите по памяти Колоссянам 3:12–14, включив туда имя того человека, которого вы должны прощать и любить.

    _____

    _____

12. Заполните свой дневник: (1) Что я узнала о Боге на этой неделе? (2) Что я узнала о себе? (3) Запишите молитву с просьбой, чтобы Бог запечатлел в вашем сердце то, чему Он вас научил.

Неделя 6

Прочитайте главу 6 «Неверно настроенный фокус». Урок на этой неделе будет немного отличаться от других уроков. Цель урока — помочь вам составить цель для вашей жизни. От вас потребуется, чтобы вы поделились своими мыслями в группе. Будет очень интересно!

1. Выучите наизусть Ефесянам 5:15 или Ефесянам 5:15–17.
2. Перечислите минимум пять благословений, когда человек формирует свою жизненную цель.

   _____

   _____

   _____

   _____

3. Как вы себя чувствуете, когда читаете о жизненных целях Филлис, Джин, Ней и Мими? Обнадеженными? Мотивированными? Готовыми записать свою жизненную цель? Или вы ощущаете разочарование? Объясните.

   _____

   _____

   _____

4. Прочитайте главу 6 еще раз и попросите Бога, чтобы Он начал открывать вам вашу жизненную цель. (Помните: тут не потребуется много ума или креативности.)
5. Если у вас есть главный библейский стих вашей жизни, то запишите его. Если нет, то запишите те стихи, которые Бог уже использовал в вашей жизни.

   _____

   _____

6. Проведите в молитве один час. Попросите Бога открыть вам вашу жизненную цель. Запишите все мысли и идеи, которые у вас появились во время молитвы. (Помните: вы можете позаимствовать идеи Филлис, Джин, Ней и Мими. Они дали свое согласие.)

7. Заполните свой дневник: (1) Что я узнала о Боге на этой неделе? (2) Что я узнала о себе? (3) Запишите молитву с просьбой, чтобы Бог запечатлел в вашем сердце то, чему Он вас научил.

Неделя 7

Прочитайте главу 7 «Беспокойство и кресло-качалка».
1. Выучите наизусть 1 Петра 5:6–7.
2. Поищите в интернете определения слов «тревога» и «беспокойство» или посмотрите их значение в словарях. Обратитесь к определениям на страницах 114–115, а потом запишите свои собственные определения.

3. Прочитайте Матфея 6:25–34.
   a. Что противопоставляется заботе в стихе 30?

б. Что, по вашему мнению, означает слово «итак» в стихе 34?

_____

в. Почему Иисус пять раз повелел Своим ученикам не заботиться?

_____

Следующийвопроспризванпомочьвампорассуждать,что заставляетвасбеспокоиться—почемувытревожитесьикогда. Вам помогут следующие три примера!

Что	Почему	Когда
Ипотека за дом	Не хватает денег	Когда я вижу, сколько у меня осталось денег на счете
То, как на мне сидит моя одежда	Я набрала три килограмма, и теперь мне везде жмет	Когда мне приходится надевать свою одежду
Рак	Шишка у меня в груди	Двадцать четыре часа в день

4. Заполните следующую таблицу, указав, что вас тревожит, почему и когда.

Что	Почему	Когда

5. Молитесь, чтобы Бог помог вам в борьбе с беспокойством.

Посмотрите, что вы записали в колонке «ЧТО». Если вы думаете, что Бог побуждает вас предпринять какое-то действие, то запишите это в вашем журнале. Если беспокойство причиняет то, что находится вне вашего контроля, используйте ваш дневник, чтобы отдать это Богу, чтобы Он взял эту заботу на Себя.

Ниже приводятся три примера:

а. Беспокойство: ипотека за дом.

Действие: я могу позвонить в банк и узнать, возможно ли рефинансировать кредит. Или можно взять из денег, отложенных на отпуск, заплатить взнос за ипотеку и отказаться от отдыха в этом году.

б. Беспокойство: то, как на мне сидит моя одежда.

Действие: я могу купить новую одежду или сбросить три килограмма.

в. Беспокойство: возможно, у меня рак, и я ожидаю свои анализы.

Отдать Богу: «Господи, Ты знаешь мою тревогу по поводу этой шишки. Я справлюсь. Я смиряюсь под Твою могучую руку и отдаю все заботы Тебе».

6. Посмотрите в словаре слово «смирение». Напишите несколько предложений о том, что для вас означает смириться «под крепкую руку Божью» (1 Петра 5:6).

_____

_____

_____

_____

_____

7. Как возложить все свои заботы на Господа? Поможет ли вам в этом шкатулка забот, описанная на странице 124, или другая визуальная помощь?

_____

_____

_____

_____

8. Проверка памяти. О чем вы беспокоились в это время в прошлом году? А сегодня вы справились бы с той ситуацией? Каким образом?

_____

_____

_____

_____

9. Заполните свой дневник: (1) Что я узнала о Боге на этой неделе? (2) Что я узнала о себе? (3) Запишите молитву с просьбой, чтобы Бог запечатлел в вашем сердце то, чему Он вас научил.

Неделя 8

Прочитайте главу 8 «Доверьте Богу свои ЧТО ЕСЛИ». Духовная болезнь «ЧТО ЕСЛИ?» смертельно опасна. ЧТО ЕСЛИ смотрит в будущее и беспокоится о том, что может допустить Бог. Симптомом этого заболевания можно назвать тревожное сердце.

1. Выучите наизусть Иеремию 17:7–8. Молитесь словами этих стихов.

2. Назовите ваши ЧТО ЕСЛИ. Чего вы боитесь из того, что Бог может допустить в вашей жизни и в жизни ваших родных? Перечислите ваши страхи ниже.

_____

_____

_____

3. Вспомните, когда вы беспокоились о том, что может произойти — то есть, когда вы подхватили болезнь ЧТО ЕСЛИ. Что происходило с вашим телом, разумом и духом?

_____

_____

_____

4. Прочитайте Иеремию 17:5–8. Напишите свой пересказ этих стихов.

_____

_____

_____

5. Каким образом контролирование, стратегии и манипуляции не дают вам становиться женщиной, упование которой — Господь?

_____

_____

_____

6. Задайте себе следующий вопрос: буду ли я судить о Боге по обстоятельствам, которые не понимаю, или буду судить об этих обстоятельствах в свете Божьего

характера? Что помогло бы вам судить о своей жизни в свете характера Божьего?

_____

_____

_____

_____

7. Прочитайте историю матери Моисея, Иоахаведы в Исходе 2:1–10 и ответьте на следующие вопросы:
   a. Какие ЧТО ЕСЛИ мучили Иоахаведу?

_____

_____

_____

_____

   б. Как она справлялась со своими ЧТО ЕСЛИ?

_____

_____

_____

_____

8. Откройте план Уиллиса Кэрриера, как справиться с беспокойством на странице 139. Запишите свои самые страшные ЧТО ЕСЛИ и проработайте их, следуя этому плану.

_____

_____

_____

_____

9. Запишите свою молитву, в которой вы отдадите свои самые страшные ЧТО ЕСЛИ Богу.

_____

_____

_____

_____

10. Заполните свой дневник: (1) Что я узнала о Боге на этой неделе? (2) Что я узнала о себе? (3) Запишите молитву с просьбой, чтобы Бог запечатлел в вашем сердце то, чему Он вас научил.

Неделя 9

Прочитайте главу 9 «Доверьте Богу свои ЕСЛИ БЫ». Духовная болезнь «ЕСЛИ БЫ» тоже смертельно опасна. ЕСЛИ БЫ смотрит в прошлое и выражает недовольство тем, что дал Бог. Гнев и ропот можно назвать симптомами этой болезни.

1. Запишите текст из Псалма 76:12–15 в своем дневнике.
2. Еще раз прочитайте сказку о старике и его белом коне на страницах 144–147. Перескажите эту сказку кому-нибудь из близких или друзей. Расскажите также, чему вы научились из этой истории. Запишите то, чему научились, ниже.

_____

_____

_____

_____

3. Мы заражаемся болезнью ЕСЛИ БЫ, когда думаем о том, чего у нас нет, вместо того чтобы помнить о том, что у нас есть. Болезнь ЕСЛИ БЫ возникает из-за неудовлетворенности тем, что дает Бог.

а. Напишите список атакующих вас ЕСЛИ БЫ.

_____

_____

_____

_____

б. Когда вы думаете о ЕСЛИ БЫ, не теряете ли вы перспективы, как случилось с израильтянами? Как это проявляется в вашей жизни?

_____

_____

_____

_____

4. Чтобы справиться со всей болью, которую Бог допускает в вашей жизни, нужно помнить, кто такой Бог и что Он сделал для вас в прошлом. Прочитайте Псалом 76 не меньше двух раз. Запомните дела Господа и запишите их ниже.

_____

_____

_____

_____

5. Еще раз прочитайте совет Эндрю Мюррея из четырех шагов, который помогает довериться Богу в трудное время (стр. 106). Определите проблему, из-за которой вы подхватили болезнь ЕСЛИ БЫ. Перепишите эти четыре шага, вписав туда свою проблему.

_____

_____

_____

_____

6. Запишите свою молитву с исповеданием Богу, что вы не доверяли Ему, когда думали о своих ЕСЛИ БЫ.

7. Заполните свой дневник: (1) Что я узнала о Боге на этой неделе? (2) Что я узнала о себе? (3) Запишите молитву с просьбой, чтобы Бог запечатлел в вашем сердце то, чему Он вас научил.

Неделя 10

Прочитайте главу 10 «Доверьте Богу свои ПОЧЕМУ».

1. Выучите наизусть Аввакума 3:17–19.

2. Опишите то время, когда вы спрашивали Бога: «Почему я?» Могли ли вы перейти от вопроса «почему» к доверию Богу?

_____

_____

_____

_____

3. Как бы вы объяснили Екклесиаста 7:13–14 маленькому ребенку? Запишите свое объяснение ниже.

_____

_____

_____

_____

4. Уделите один час внимательному чтению Аввакума 1:1–2:4 и 3:16–19 и ответьте на следующие вопросы. Попросите Бога, чтобы Он обращался к вам через Своего верного пророка.

а. У каждой из нас есть проблемы, которые вызывают сердечную боль, страх, разочарование и недовольство. Опишите проблему, которая тяжелым грузом лежит у вас на сердце.

_____

_____

_____

_____

б. Взойдите на «крепостную стену». Задайте Богу вопросы касательно вашей проблемы. Ждите ответа от Господа. Потом запишите свои размышления.

_____

_____

_____

_____

в. Согласно Римлянам 11:36, что есть главная цель всего? Каким образом, по вашему мнению, ваши обстоятельства приносят славу Богу?

_____

_____

_____

_____

г. Каким образом ответ Бога Аввакуму «...Праведный своею верою жив будет», может стать ответом на вашу проблему?

_____

_____

_____

_____

д. Доверитесь ли вы Богу в том, что не видите, чего не понимаете и что не укладывается в вашей голове? Перечислите, пожалуйста, ваши ПУСТЬ ДАЖЕ Богу.

Пусть даже

_____

_____

_____

Пусть даже

_____

_____

Пусть даже

_____

_____

Пусть даже

_____

_____

Если можете, то скажите вместе с Аввакумом:

> *Но и тогда я буду радоваться о Господе и веселиться о Боге спасения моего. Господь Бог — сила моя (Авв. 3:18–19).*

5. Заполните свой дневник: (1) Что я узнала о Боге на этой неделе? (2) Что я узнала о себе? (3) Запишите молитву с просьбой, чтобы Бог запечатлел в вашем сердце то, чему Он вас научил.

ОБ АВТОРЕ

Линда Диллоу является автором и соавтором множества бестселлеров, включая «Утешь мою жаждущую душу» («Satisfy My Thirsty Soul»), «Самый глубокий покой» («A Deeper Kind of Calm»), «Вопросы интимные и воспаленная интимность» («Intimate Issues, and Intimacy Ignited»).

Линда и ее муж Джоди семнадцать лет жили в Европе и Азии, обучая христианских лидеров в сотрудничестве с «Biblical Education by Extension». Линда и сейчас часто выступает на женских конференциях. Джоди и Линда Диллоу, у которых пятеро взрослых детей и десять внуков, живут в Колорадо.

The Master's Academy International
www.tmai.org
publishing@tmai.org